이번 〈햄릿〉 드라마트루기 작업은 연극을 만드는 과정의 좋은 전범典範이 되었다. 배우들이 많은 독서를 하고 스스로 참고 자료를 찾아볼 수 있다면 더할 나위 없이 좋은 일이겠지만, 그런 방식은 현실적으로 제한이 있다. 이번 연극의 제작 과정에서는 드라마투르크를 적극적으로 활용해, 배우는 자기 연기에 몰두하게 하고 드라마투르크가 인물에 관한 여러 자료와 캐릭터 분석을 풍부하게 제공해주면서, 배우들이 인물에 대해 갖는 의문들을 그때그때 질의하는 방식으로 진행했다. 그 과정은 배우들이 캐릭터를 이해하고 표현하는 데 큰 도움이 되었고, 배우들의 연기가 더욱 단단해지는 기회가 되었다.

우리는 독일에 비해 드라마트루크라는 전문가를 활용하는 데 아직 미숙한 점이 많다. 하지만 이번 작업처럼 한국에서도 드라마트루기라는 시스템을 더욱 적극적으로 활용할 수 있다면, 배우들도 보다 밀도 높은 충만한 연기를 할 수 있을 것이고, 결과적으로 연극이 훨씬 견고하고 풍요로워지는 바탕이 될 수 있을 것이다.

이 책이 앞으로 〈햄릿〉을 만들 사람들, 셰익스피어를 더 깊이 이해하고 싶은 사람들뿐 아니라 연극계에 장기적인 도움을 줄 수 있는 좋은 사례가 되었으면 한다.

_**손진책** 연출가, 〈햄릿〉 연출

새벽 3시. 자다 깼다. 짜게 먹어서인지 갈증이 났다. 덥기도 더웠다. 벌떡 일어나 물 한 컵을 벌컥 마셨더니 의외로 말똥말똥하다. 문득 이 책의 작가가 보내준 원고가 생각났다. 읽어보겠다고 했으니 읽어야 한다. 그러면 나는 눈꺼풀을 내리고 금세 잠들 수 있을 것이다. 그렇게 읽었다. 읽다가 말고 싶은 열망이 내 안에 가득한 채로. 그런데 아! 아니다. 역시나 철호 형이다. 추천한다. 작가, 배우, 스태프, 연출뿐 아니라 학생, 일반인 모두에게, 다 좋다. 읽어보면 내가 왜 이런 말을 하는지 대번에 안다. 무엇보다 〈햄릿〉이 보고 싶어진다. 책이 말을 건다. 책을 글로 보여주면 지친다. 이 책은 그렇지 않다. 쉬지 않고 떠드는데도 할 말이 더 있어 보인다. 그래서 다소 흥분된 상태로 들으며 읽게 된다. 해박하기도 그지없다. 도대체 얼마나 공부를 하면 이렇게 될까. 틈만 나면 공연 보고 그림 보는 게 버릇인 사람이다. 하지만 억지로 한 게 아니라 자기가 재밌어서 꼬리에 꼬리를 물고 공부한 내공이 느껴진다. 언젠가 내가 셰익스피어 학회에서 연출에 관한 이야기를 하면서 문헌 연구에 너무 연연하지 말라고 했다가 찬밥 그릇처럼 떠밀려진 적이 있었다. 그때는 몰랐다. 이 책을 읽고 나서야 왜 그 학자들이 그런 표정일 수밖에 없었는지 깨달았다. 통탄할 나의 무지여. 〈햄릿〉에 이렇게 정교한 시냅스가 연결되어 있다니!

함께한 연출과 배우들의 에피소드도 흥미진진하고 발랄하다. 한편 드라마투르크로서의 고민과 끊임없이 계속되는 선택의 난제들도 엿보인다. 그렇게 많이 아는데 어떻게 단순하게 선택할 수 있겠나. 읽고 나서 게으르지 말아야겠다고, 무엇이든 함부로 단정하지 말아야겠다고 생각했다. 희곡을 더 잘 써야겠다고 다짐도 했다. 하지만 독자에게 이 말도 꼭 하고 싶다. 행간을 다 뒤지고 분석하여 모든 의미망을 궁리하되 결국에는 여하튼 내려놓아야 한다. 그 자체로 설득되어야 한다. 그리고 행복해야 한다. 인간은 결국 그 자체로 증명된다. 설명하는 존재가 아니라서

다. 여여한 존재라서다. 이 책, 엄지 척이다.

_**고선웅** 연출가, 서울시극단 단장

십여 년 전, 서점에서 《베를린, 천 개의 연극》이라는 책을 샀다. 저자가 유럽에서 머물면서 본 연극 중 인상적이었던 열여섯 편을 소개한 책으로, 잡지에서만 보던 유명 연출가들의 이름이 가득했다. 각 에피소드마다 소개되는 연극의 원작 희곡 〈오레스테이아〉, 〈안티고네〉, 〈한여름밤의 꿈〉, 〈파우스트〉, 〈페르귄트〉, 〈벚꽃동산〉을 읽으며 작가가 묘사한 극장과 연극의 장면들 그리고 극장을 찾은 관객들을 상상했다. 극장을 사랑하는 그 관객들 틈에 끼어 앉아 침 튀기며 대사를 외치는 배우를 바라보는 상상을 하느라 두껍지 않은 그 책을 읽는 데 꼬박 두 달이 넘게 걸렸다. 단테에게 지옥을 안내하는 베르길리우스처럼 작가는 베를린과 유럽의 도시와 극장을 소개했고, 나는 그 책을 통해 인생의 큰 전환점을 맞았다.

작가의 새로운 책은 《햄릿 스쿨》이다. 작가가 셰익스피어 원작, 배삼식 극본, 손진책 연출의 연극 〈햄릿〉 제작에 드라마투르크로 참여하며 창작진과 배우들을 위해 진행했던 원전 해설과 전사前史 작업을 정리한 해설서이다. 원전을 한 줄 한 줄 정성스럽게 읽어나가며 한 땀 한 땀 연극을 만들어가는 창작진과 배우들에 대한 묘사는 나의 연극 만들기를 부끄럽게 만들고, 작가가 얼마나 연극을 사랑하는지, 배우들과 함께하는 연습실의 시간을 얼마나 행복해하는지 느끼게 해준다. 작가는 베르길리우스, 단테, 아우구스티누스, 니체, 루터, 일본의 노가쿠, 피터 브룩, 태양극단, 에드워드 호퍼를 넘나들며 원전을 풍성하게 해설

한다. 연극 〈햄릿〉을 준비하는 연출가와 배우들, 셰익스피어를 연구하는 학자들, 연극을 공부하는 학생들, 그리고 문학 작품과 공연으로 〈햄릿〉을 즐기려는 모든 관객들에게 유용한 책이라는 것은 더 언급할 필요도 없다.

_전인철 연출가, 극단 돌파구 대표

이 책의 저자는 2016년 초여름부터 2024년 한여름에 걸쳐 햄릿을 추적한다. 카메라 렌즈를 통해 멀리서 조망하기도 하고 현미경 아래 놓은 것처럼 가까이 들여다보기도 한다. 연신 셔터를 눌러대며 인물들의 세포와 유전자는 무엇으로 이루어졌는지까지 들춰내고야 말겠다는 집요함이 보인다. 선왕의 죽음의 비밀을 밝혀내려는 햄릿처럼 결국 스스로 햄릿이 되어버리고 말았다. 그 과정에서 삶과 죽음의 경계를 유영하는 각각의 등장인물들을 만나 멈춰 세우고 질문을 던진다. 그 답을 찾기 전에는 길을 가지 못하게 가로막는 허구의 스핑크스처럼. 또한 그는 자신이 오이디푸스 같은 추적자가 되어 그 수수께끼를 풀어낸다. 작가는 자신을 극 속에 던져놓은 채 매우 솔직하고 담백하게 이 추적 일지를 기록해나간다. 독자들은 이를 목격하며 그간 흐릿했던 〈햄릿〉 속 등장인물들의 얼굴을 선명히 알아보며, 모호했던 말들을 비로소 이해하게 될 것이다.

이 책은 〈햄릿〉에 관한 해석뿐만 아니라 연극을 대하는 태도와 우리가 사랑하는 것이 허구라 할지라도 그것을 어떤 마음으로 대해야 하는지 알려준다.

_이철희 연출가, 극단 코너스톤 대표

햄릿 스쿨

alma
spiritus

알마 스피리투스ALMA Spiritus는
극장을 살아 숨쉬게 하는 이야기,
무대 뒤의 이야기,
무대 밖에서 잊혀지는 것들을
기억하기 위한 기록입니다.

일러두기

• 이 책은 2016년, 2022년, 2024년 배삼식 극본, 손진책 연출의 연극 〈햄릿〉의 드라마투르기 노트를 모은 것이다. 드라마투르기는 연극의 역사, 이론, 실제에 대한 지식을 토대로 연출, 연기, 디자인 등 다양한 분야에 방향성을 제시하는 작업을 말한다. 드라마투르기에 종사하는 사람, 즉 드라마투르크는 해당 작품의 역사적, 시대적 상황과 극본에 사용된 표현 등을 정밀하게 분석하고, 극을 관람하는 관객들의 심리 동선까지 파악함으로써 연출 및 배우들의 새로운 작품 해석과 시도를 돕는다.

• 이 책에 사용된 연극 〈햄릿〉의 한국어 대사는 배삼식 작가의 허락을 받아 게재하였다.

• 이 책의 인지명은 국립국어원 외래어표기법에 따라 표기하였다. 그리스신화 속 인물의 경우 그리스식으로 표기하였으나, 일부 인명의 경우 배삼식 작가의 표기를 따랐다.(예: 헤카베 → 헤큐바, 피루스 → 피러스)

• 이 책의 주석은 모두 지은이 주이다.

햄릿 스쿨
드라마트루기 노트

Dramaturgy Note

박철호

저 강을 건너간 이들과
그 강을 마주한 이들을 위하여

2024년 6월 배삼식 극본, 손진책 연출의 〈햄릿〉이 2016년, 2022년에 이어
세 번째로 무대에 올랐다. 주요 창작진 및 출연 배우는 다음과 같다.

프로듀서	박명성	기술감독	최상욱
극본	배삼식	무대감독	박수예
연출	손진책	무대조감독	한아름
드라마투르기	박철호	조연출	이재은
무대미술	이태섭	컴퍼니매니저	도현태 강은주
조명디자인	김창기	소품디자인	김상희
안무	정영두	음향디자인	김기영
음악/음향효과	김태근	분장디자인	김유선
의상디자인	김환	영상디자인	Jae Lee
무술	한진 홍현표	제작	(주)신시컴퍼니

캐스트

햄릿	강필석 이승주	배우 3	정경순
선왕	이호재 전무송	배우 4	손봉숙
클로디어스	정동환 길용우	호레이쇼	박윤희 정환
거트루드	김성녀 길해연	로젠크란츠	김명기
폴로니어스	남명렬 박지일	길덴스턴	이호철
오필리어	루나	무덤파기	김명건
레어티즈	양승리 이충주	오즈릭	이호철
배우 1	박정자 전수경	시종 외	박선경
배우 2	손숙 이항나	레이날도 외	백경우

프롤로그

보통 햄릿은 셰익스피어가 창조해낸 캐릭터라고 생각한다. 하지만 햄릿은 실존 인물이라는 기록도 있고, 아이스킬로스 비극의 오레스테스 같은 원형의 캐릭터도 존재한다. 셰익스피어 이전에도 이런 플롯에 근거해 햄릿을 등장시키는 작품들이 꽤 있으며, 스토리의 재미만 따지면 훨씬 극적이고 나은 작품도 있다. 하지만 사람들이 유난히 셰익스피어의 〈햄릿〉을 최고의 연극으로 치는 것은 그의 언어와 작품에 담긴 사상 때문이다. 그러므로 번역본만 읽는다면 이야기의 흐름은 이해할 수 있겠지만 행간에 담긴 이야기들은 엉성한 그물 사이로 잔고기 빠지듯 다 놓칠 것이다. 결국 모든 이야기들을 담으려면 촘촘한 그물을 사용할 수밖에 없다. 나 역시 셰익스피어의 〈햄릿〉

을 수없이 보고 읽었으면서도 번번히 놓치는 것들이 있었다. 그러면서도 고기를 잡았다고 안심하고 집으로 돌아가서 보면 항상 뭔가 허전함을 느끼곤 했다.

그러던 중 2016년에 촘촘한 그물을 사용할 기회가 생겼다. 손진책 선생이 국립극장에서 이해랑 선생 100주년 기념 공연으로 〈햄릿〉을 올릴 계획이라며 나에게 드라마트루기dramaturgie✦를 맡아달라고 한 것이다. 그렇게 셰익스피어 원전을 한 줄 한 줄 공부하면서 준비할 기회를 얻었다. 한 단어도 소홀히 하지 않고 정확히 이해되지 않는 부분

✦ 현재 최고로 평가받는 독일 연극의 새로운 시대를 연 것은 극작가 고트홀트 에프라임 레싱Gotthold Ephaim Lessing으로, 그는 최초의 드라마트루크dramaturg이기도 하다. 그가 1767~1769년까지 삼 년간 독일 최초의 국립극장인 함부르크 국립극장의 드라마투르크를 맡아 기록한 101개의 에세이들이 최초의 드라마트루기 노트 《함부르크 드라마투르기Hamburgische Dramaturgie》이다. 이 노트는 '왕좌 뒤의 권력'이라고 불리며 독일 연극에 새로운 숨결을 불어넣었다.
독일 연극의 근간에는 수많은 연극 분석과 비평, 그리고 인문학적 논의들로 가득한 드라마투르기 시스템이 존재한다. 영어로는 dramaturgy라고 하지만, 영어권에는 이런 시스템이 존재하지 않는다. 드라마투르기는 오로지 독일에서만 작동하는 시스템이다. 프랑스에도 없고 영국에도 없다. 미국에는 더더욱 있을 리 없다. 이런 연유로 책 부제를 '햄릿 드라마트루기'로 하려고도 했지만 편집부의 제안에 따라 '드라마투르기 노트'로 결정하고 나니 잘했다는 생각이 든다. 연극은 관객이 들어야 하고, 책은 독자의 손에 들려야 생명을 얻는다.

은 몇 시간을 고민하면서 준비하다보니 정말로 많은 고기를 잡을 수 있었다. 누구나 알고 있는 〈햄릿〉이었지만 그 속에 숨겨져 있는 이야기는 무궁무진했다. 인류가 연극을 하는 한 〈햄릿〉 공연은 중단되지 않을 것이다. 지겨워서 이제 그만 만들 법도 한데 여전히 무대에 올린다. 한국에서만 한 해에 보통 일고여덟 편의 〈햄릿〉이 공연된다. 따라서 어차피 만들 것이라면 여기 담긴 이야기들을 제대로 알고, 만들고, 봤으면 하는 바람으로 원전의 느낌을 전달하는 이 작업을 시작했다.

〈햄릿〉을 공부하면서 손진책 연출에게 그 내용을 말로 설명하는 데 한 달 반 정도가 소요되었다. 그 작업 내용을 그대로 글로 옮기는 것은 별로 어려울 게 없을 거라 생각했는데, 이게 만만한 작업이 아니었다. 천성이 게을러서 오늘 할 일을 항상 내일로 미루다보니 어느새 2022년이 되었다. 그리고 손진책 연출이 이번에는 〈햄릿〉을 제대로 공연해보겠다며 나에게 다시 드라마트루기를 해달라고 요청해왔다. 아차 싶었다. 진작에 작업 내용을 완벽하게 정리해두었으면 배우들도 연출도 힘들지 않게 〈햄릿〉을 준비했을 텐데. 할 수 없이 연출과 또다시 원전을 한 줄 한 줄 해석하고 작품 분석을 하는 데 한 달 반을 들였다. 그리고 전에는 시간 관계상 하지 못했던 전사前史 작업도 마쳤다. 하지만 연출과 나만의 분석보다 더 중요한 것은 배우들과 함께하는 전사 작업이다. 나의 이런 생각에 연출도 흔쾌히 동의하면서 배우들과도 시간을 갖기로 했다.

막상 연습이 시작되자 나의 기대는 산산조각 나고 말았다. 바쁜 스케줄에 배우들이 다 함께 모이기도 힘들었고, 나도 일주일에 이틀은 학교 강의 때문에 연습에 불참하다 보니 흐지부지되었던 것이다. 결국 2016년에 그랬듯, 매일 아침 노트를 작성해서 배우들에게 전달하기로 했다. 그런데 우연히 노트를 본 친구가 이걸 책으로 만들면 공연을 보는 관객들에게 큰 도움이 될 것 같다고 제안했다.

그래, 〈햄릿〉을 전체적으로 설명할 필요는 없었다. 중요한 포인트만 설명해도 관객은 만족한다. 하지만 당시 공연 개막까지 남은 기간은 한 달 남짓이라, 그 안에 책을 낸다는 것은 어려운 일이었다. 그런 와중에 박정자 배우가 이 노트를 다 모아서 한 부 달라고 했다. 연극하는 후배들에게 매우 중요한 자료라면서 자신이 아끼는 후배에게 선물로 주고 싶다는 것이었다. 박정자 배우만이 아니었다. 길해연 배우도 이 노트를 모아 후배들에게 남기고 싶다고 했다.

이런 연습 노트를 책으로 만드는 과정에는 방해물이 만만치 않다. 우리나라 출판계 사정상 과연 이 작업을 책으로 내줄 출판사가 있을까? 연극하는 사람들이나 관심 가질 책이 아닐까? 하지만 '햄릿' 아닌가? 연극을 본 적은 없어도 전 세계인이 아는 캐릭터이다. 〈햄릿〉은 문학을 하는 사람들도 주시하는 작품이다. 우리나라에서도 교양인들이 자신이 좋아하는 〈햄릿〉의 대사를 원어로 낭송하는 장면을 가끔 볼 수 있다. 그렇다면 충분히 관심을 모을 수 있을 것이다. 그리고 〈햄릿〉은 앞으로도 계속 공연될 것이다. 그렇다면 관객들에게 충분히 길잡이 정도는 할 수 있는 작업이다. 하지만 2022년에는 출간으로 이어지지 못했다.

사실 2022년 〈햄릿〉 공연 당시 알마 출판사의 안지미 대표와 원고에 대해 이야기할 기회가 있었다. 당시 안 대표는 원고를 검토한 후 약간의 에피소드를 추가해 다시 보여달라고 했는데, 더 이상의 작업 없이 이 년이 흘렀다. 그러다가 연습이 시작된 올 4월 말에 부랴부랴 안 대표에게 연락해 이번 공연을 위해 준비한 드라마투르기 노트까지 포함한 내용으로 책을 출간할 수 있을지 의사를 타진했다. 고심 끝에 출간을 결정한 알마 출판사에 감사드린다. 이렇게 팔 년 동안 곡절을 겪으며 겹겹이 쌓여온 〈햄릿〉 드라마투르기가 간신히 세상에 기어나와 숨을 쉴 수 있게 되었다.

차례

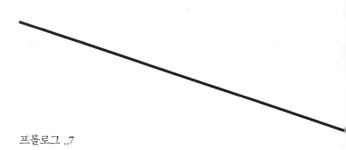

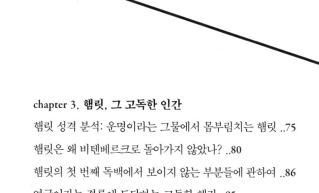

chapter 4. 죽음을 부르는 덴마크 왕실

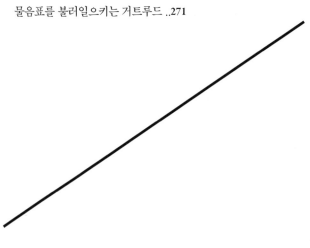

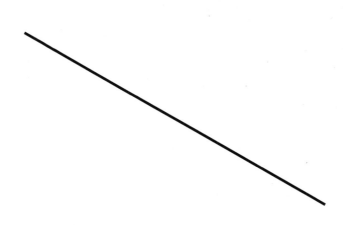

chapter. 1

이승과 저승의 길목에서

누구나 아는 햄릿의 "사느냐, 죽느냐". 셰익스피어는 17세기 영국 사회에 질문을 던진다. 지금껏 믿어왔던 중세의 질서가 한순간에 무너지고 깜깜한 어둠 속에서 홀로 치열하게 새로운 질서를 모색하는 인간 햄릿. 햄릿은 죽음의 문제를 들고 찾아왔다. 죽음을 생각하지 않고는 삶의 실체를 알 수 없다. 죽음을 직면해본 자만이 삶을 고민한다. 17세기의 인간들만 죽는 것이 아니다. 인간은 모두 죽는다는 사실에 햄릿이 한숨을 툭 내뱉는다. 죽음이 뭐냐고 후세가 묻는다. 죽음은 등대다. 삶이라는 캄캄한 망망대해를 헤쳐나가는데 유일하게 보이는 등대. 햄릿이 뭐냐고 사람들이 묻는다. 햄릿은 그 등대 안에 똬리를 튼 희미한 램프이다.

연극의 대가들에게 가장 아름다운 무대는 빈 무대다. 아무리 멋진 장식을 해도 빈 무대보다 아름답지는 않다. 이 빈 무대서 가장 아름다운 장식은 배우다. 그것도 꽉 찬 배우라면 더할 나위 없다.

인생에서 빈 무대는 무엇인가? 삶과 죽음이다. 태어나는 순간에도, 죽어가는 순간에도 빈 몸이다. 죽음을 모르고 삶을 어찌 논하랴. 죽음을 생각하는 자만이 인간의 오랜 고민인 "왜 사는가?"의 답에 다가설 수 있다. 캄캄한 고뇌의 바다에서 유일하게 보이는 불빛, 인간은 그 불빛에 의지해서 삶이라는 배를 저어간다. 죽음이라는 등대가 반짝거리며 우리의 여로를 밝혀주기 때문에.

여기 이 땅의 연극 안에서 뛰고 뒹굴며, 슬픔을 토해내며 꿋꿋이 버텨오다 먼저 간 선배들, 그리고 지금도 매일 동료들을 가슴에 묻으며 무대에 올라서는 배우들이 있다. 이들만큼 이 무대를 가득 채울 수 있는 배우들이 있을까? 이들이 자청해서 햄릿이라는 등불을 보고 빈 무대로 모여들었다. 그리고 이제 우리는 관객이라는 목격자가 되어 이 빈 무대의 언저리를 같이 채워나갈 것이다.

〈햄릿〉은 매우 복잡한 연극이다. 〈햄릿〉의 테마를 추려보면 스무 개에 달한다. 이러니 〈햄릿〉을 무대에 올리는 과정은 보통일이 아니다. 특히 영국 본토에서 〈햄릿〉을 한다고 하면 이 스무 개의 테마를 전부 다루어야 한다. 하지만 다행스럽게 우리는 영국인이 아니다. 셰익스피어 전문가인 피터 브룩Peter Brook은 셰익스피어 연극을 만드는 과정을 크게 두 단계로 나눈다.

첫 번째는 셰익스피어를 불러일으키는 단계이다. 그러기 위해서는 대사 한 줄 한 줄의 의미를 전부 살리면서 행간의 의미까지 끄집어내야 한다. 정말 피 말리는 작업이다. 하지만 시간과 열정만 있다면 못할 건 없다.

진짜 힘든 건 셰익스피어를 지우는 다음 단계이다. 아

니 기껏 셰익스피어 작품에 대해서 이해하고 알아냈는데 지우라니 이게 무슨 뚱딴지 같은 소리인가? 사백 년 전 런던의 상황과 지금의 상황은 같을 수 없다. 동시대의 언어로 작품이 다가오지 않으면 아무 소용 없다. 필요 없는 것들은 과감히 걷어내야 한다. 한데 이건 정말 어려운 일이다. 인간은 자신이 아는 것을 전부 보여주고 싶어 한다. 그런데 기껏 피를 말리며 공부해서 얻은 대사들을 버리라고? 보통은 절대로 버리지 못한다. 그러면 결국 재미없고 어려운 연극이 되고 만다. 특히 영어도 아니고 다른 언어로 번역된 셰익스피어는 재난에 가까운 연극이 되고 만다. 의미 전달도 제대로 되지 않는다. 하지만 번역된 셰익스피어가 가진 장점도 있다. 쉽게 버릴 수 있다는 것이다. 이때 중요한 것은 행간, 즉 여백은 같이 버리면 안 된다는 것이다.

여백을 살리면 웬만한 대사들은 버려도 된다. 어차피 여백은 그 대사들 사이에 숨어 있는 것이다. 대신 그 여백이 무언지 확실하게 정의해야 한다. 그래서 나는 이번에 연출에게 스무 개나 되는 〈햄릿〉의 테마 가운데 하나를 고르라고 제안했다. 이제 우리 연극의 코드를 그 테마에 맞추면 된다. 그리고 연출이 선택한 코드는 죽음이었다.

이제 〈햄릿〉의 여백은 정해졌다. 죽음! 비어 있는 지문에 이 죽음을 넣으면 된다. 그래서 오필리어와 레어티즈에게 어머니의 부재를 죽음으로 채워 넣기로 한다. 다행스럽게도 〈햄릿〉은 죽음의 연극이다. 특히 〈햄릿〉의 일곱 개에 달하는 기나긴 독백은 전부 죽음의 독백이다. 물론 육 년 전에도 〈햄릿〉의 테마는 죽음이었다. 하지만 이번에 연출은 '죽음 바라보기'라는 새로운 방향으로 테마를 잡았다. 누구의 눈을 통해 죽음을 바라보게 할 것인가?

〈햄릿〉의 독백이 죽음의 독백이라면, 삶의 독백에 대한 또 다른 셰익스피어 연극이 있다. 목가극적 희극 〈뜻대로 하세요As You Like It〉이다. 셰익스피어는 그 작품에서 프랑스인 자크의 입을 빌려 "인생은 무대이며 모든 남자와 여자는 그저 배우All the world's a stage, and all the men and women merely Players"라고 삶에 대한 긴 독백을 풀어낸다. 이번 프로그램에 들어갈 글을 고민하던 중 이 독백이 떠올랐다. 인간은 누구나 한 번 태어나고 한 번 죽는다. 한데 이 삶과 죽음이라는 과정을 수없이 겪어본 사람들이 있다. 평생을 무대에서 보내며 누구보다 극적으로 죽음을 경험한 사람들, 바로 배우들이다. 이번에는 배우들이 연극 〈햄릿〉이 시작되고 끝나는 과정을 묵묵히 지켜보면서 인생이라는 무대의 입구와 출구를 열고 죽음을

바라본다. 그리고 그들이 열어준 무대에서 죽음을 바라
보면서 삶이라는 연극을, 그리고 스스로 배우가 되어버린
우리의 모습을 본다.

2023년 겨울 베를린에서 머물다 연극 몇 편을 보러 잠시 런던에 갔다. 손진책 연출에게 전화가 와서 받으니 〈햄릿〉을 또다시 올릴 거라고 한다. 뭔가 자료들이 있으면 준비해줬으면 좋겠다고 하는데 고민된다. 이제 더 새로운 자료들이 나올 수 있을까? 2016년과 2022년 두 번에 걸쳐 전부 리서치를 했는데…… 고민스럽다. 연출의 욕심이리라. 혼자 툴툴대면서 런던 지하철을 타러 내려가는데 줄줄이 사탕처럼 늘어선 연극 포스터들 가운데 〈햄릿〉이 눈에 들어온다. 셰익스피어의 본거지인 이곳에서도 매년 〈햄릿〉을 하는데, 한 번 더 하는 것이 이상한 일은 아니다. 저 〈햄릿〉을 볼까 말까 망설이다 포기한다. 이미 하루에 두 편씩 보기로 한 다른 공연들로 스케줄이 꽉 차 있다. 게다가 그리 탐나는 프로덕션도 아니다.

베를린에 돌아와서 고민만 더 깊어진다. 뭘 더 새롭게 할 수 있을까? 이미 연출과 두 번이나 원서 강독도 했고, 드라마트루기 노트도 잔뜩 쌓여 있다. 캐스팅에 관해 자세히 들은 건 없지만, 필시 대부분 같은 배우들일 것이다. 딱히 할 것도 없고, 심경은 복잡하고, 다른 스케줄이 정리 안 된 책상 위의 책들처럼 계속 쌓여만 간다. 이번은 군이 드라마트루기가 필요 없을 것도 같은데, 못한다고 할까? 새로운 자료나 아이디어는 없고 새로운 핑계만 늘어간다. 핑계와 고민만 머릿속에 가득 담은 채 귀국해 연출에게 전화한다. 이번에는 어떤 콘셉트로 할 것인지 물어보니, 더 어려운 대답이 나온다. 이 년 전보다 죽음과 삶이 더 깊이 혼재되어 있으면 좋겠다고 한다. 엥? 이게 무슨 선문답인가? 전화로는 그 의도를 정확하게 알 수 없어 만나서 직접 이야기를 듣기로 했다.

나는 죽음에 죄책감guiltiness이라는 코드를 더해 배우들의 심리를 더 다양한 방향으로 넓혀주고 싶다는 생각을 하고 있었다. 연출과 점심을 먹으면서 이런 생각을 전달했는데 연출은 긍정도 부정도 아닌 반응을 보인다. 연출의 이야기를 좀 더 들어야겠다. 삶이라는 게 죽음이 있으면 더 부각되는 것이 당연한 것이고, 이미 이 년 전에 이런 개념으로 공연했는데 어떻게 죽음이 삶에 더 깊이 관여할 수 있는 것인지 물었다. 그랬더니 햄릿의 선왕만 유령인 게 아니라 모든 인물이 죽은 사람이라고 한다.✦ 그럼 좀비 같은 거냐고 물었더니, 연출이 황당해하면서 그건 아니라고 껄껄 웃는다. 내가 좀비를 떠올린 건 독일에서 몰리에르 작품들을 그런 식으로 연출한 공연들을 꽤 봤기 때문이다. 당연히 아닐 것이다. 조금 더 기다리니 이승과 저승의 경계라고 생각한다는 이야기가 나왔다. 햄릿의 선왕 유령이 시작부터 끝까지 무대에서 이 모든 과정을 지켜볼 것이라고 한다. 그렇다면 조금 이해가 간다.

이런 비슷한 개념의 연극을 2023년 11월 교토에서 본 적이 있다. 아리안 므누슈킨Ariane Mnouchkine이 이끄는 프랑스 태양극단의 〈카네무지마金夢島, L'ÎLE D'OR〉이다. 일본의 노가쿠能樂에 대한 오마주 같은 작품으로, 2021년에 일본에서 공연될 예정이었으나 코로나19 때문에 계속 미뤄지다 작년에 겨우 도쿄와 교토에서 무대에 올랐다. 내용을 보자. 코넬리아라는 여자 주인공이 코마에 빠져 침대에

✦ 이 글을 쓸 때는 모든 사람이 죽은 사람이라고 설정했으나, 본격적으로 연습이 시작되면서 극중극 배우들(배우 1, 2, 3, 4)은 살아 있는 사람으로 콘셉트가 바뀌었다. 그러면서 선왕 유령이 아니라 극중극 배우들이 죽음의 강을 건너가 연극을 지켜본다.

누워 있다. 그녀는 일본에 한 번도 가본 적이 없지만 항상 일본을 동경했다. 하지만 지금 그녀는 식물인간이 되어 잠만 자고 있는 상태이다. 그리고 꿈속에서 일본의 카네무지마라는 섬에서 일어나는 일을 보고 듣는다. 일본어를 하나도 못하지만 신기하게도 그들이 하는 말을 전부 알아들을 수 있다. 그곳에서는 섬을 카지노로 만들려고 하는 세력과 섬을 지키고 국제 연극제를 열려고 하는 시장市長이 갈등하고 있다. 그녀는 이 일에 관여하지 않으며, 무대 한편에서 침대에 누운 채 지켜보고 있다. 그녀의 꿈이 연극이 되는 것이다. 그리고 중간중간 그녀의 회상 장면이 무대에서 펼쳐진다.

연출에게 이 연극을 이야기하면서 혹시 이런 개념이냐고 조심스럽게 물어보니 고개를 끄덕거리며 비슷하다고 한다. 햄릿 선왕의 유령이 코넬리아 역할을 하는 거라고 생각하니 이해가 된다. 산 것도 아니고 죽은 것도 아닌 코마 상태와 이승에 있는 것도 아니고 저승에 있는 것도 아닌 유령의 상태가 일치한다. 코넬리아처럼 유령은 모든 것을 생생하게 지켜본다. 하지만 개입할 수는 없다. 물론 아들인 햄릿에게 초반에 개입하는 것은 예외다. 이후로는 지켜보기만 한다. 〈카네무지마〉의 모든 등장인물이 코넬리아의 꿈속에만 존재하듯 〈햄릿〉의 등장인물들은 선왕의 유령이 보는 무대에서만 존재한다. 유령은 번뇌煩惱 가득한 삶이라는 고해苦海에서 허우적거리는 이들을 지켜보기만 하다 마지막에 해탈解脫이라는 피안彼岸의 세계로 인도한다.

이렇게 생각을 정리하니 노가쿠 무대를 떠올리지 않을 수 없다. 태양극단의 저 연극도 결국 노가쿠 엑기스를 화려하게 펼쳐놓은 것이다. 연출의 생각이 그렇다면 우리 연극도 이와 비슷한 부분이 있을 것이다. 내가 노가쿠를 처음 본 것은 이십 년 전 마드리드에 거주할 때이다. 서양에서는 연극 수업 때 귀가 아플 정도로 노가쿠의 중요성을 강조한다. 하지만 기대를 가지고 본 노가쿠는 정말 괴로웠다. 아무리 집중하려고 해도 졸음의 신 힙노스Hypnos를 이길 수 없었다. 내가 잘 몰라서 그런 거라 생각하고 귀국한 이후 짬이 날 때마다 노가쿠를 보러 교토에 갔다. 그러다보니 꾸벅거리며 조는 일은 없었지만 형식미와 정적인 흐름을 따라가다 다른 잡생각에 빠져 노가쿠를 제대로 이해하고 즐길 수 없었다. 그러다 우연히 노가쿠의 적자嫡子인 칸제류観世流의 명인을 만날 기회가 있었다. 그의 설명에 따르면 노가쿠는 삶과 죽음의 경계에 있는 연극으로, 저승에 있는 귀신이 이쪽 세계로 넘어와서 벌어지는 이야기가 대부분이다.

배우들의 역할이 주로 주인공 격인 시테シテ와 조연 격인 와키ワキ로 정해지는데, 한번 시테를 하면 그 집안은 대대로 시테만 하고, 와키 역할을 하는 가문은 대대로 와키만 맡는다. 주인공인 시테는 99퍼센트 귀신이다. 하지만 연극은 보통 조연인 와키가 등장해 어딘가로 여행을 떠나려고 하면서 시작된다. 그리고 갑자기 어딘가에서 유령인 시테가 등장해 연극 내내 대사를 읊어대고 춤도 추면서 연극 전반을 좌우한다. 대부분의 경우 와키는 무대 오른쪽 전면에 마련된 자신의 자리에 앉아 연극이 끝날 때까지 시테가 하는 짓거리를 보고만 있다. 이것만 보면 와키는 별 필요 없는 존재라고 생각할 수 있다. 하지만 그렇지 않다. 와키가 없으면 관객은 유령이나 정령인 시테의 존재를 알 수 없다. 시테를 관객에게뿐만 아니라 시테 본인에게도 설명해주는 역할을 하는 것이 와키다. 즉 와키가 없다면 관객은 허공만 보게 된다. 굿판의 주인공은 귀신이지만, 무당이 없으면 굿판이 성립되지 않는 것과 같다.

태양극단의 〈카네무지마〉에서 이 와키 역할을 하는 것이 코넬리아다. 그녀가 등장해서 시테에 해당하는 카네무지마 주민들의 이야기를 설명하고, 주민들은 사건을 벌이고 국제 연극제를 개최하고 갖가지 연극을 공연하는 것이다. 이를 손진책 연출이 추구하는 〈햄릿〉에 대입해보면 햄릿의 선왕은 유령이면서 와키의 역할을 하는 것이다. 나머지 다른 인물들이 카네무지마 주민들처럼 시테의 역할을 한다. 와키인 선왕 유령은 무대 한쪽에서 이를 지켜만 보고 있다. 노가쿠와 비교해보면 산 자와 죽은 자의 역할이 반대로 되어 있다. 삶과 죽음의 경계선이 없어진다. 공교롭게도 〈카네무지마〉처럼 〈햄릿〉의 배우들도 연극 내에서 연극을 한다. 우연의 일치인가, 아니면 내가 너무 많은 연극을 본 것인가? 아무튼 손진책 연출이 생각하는 〈햄릿〉은 이렇게 동양과 서양, 그리고 삶과 죽음이 혼재된 연극인 것 같다.

chapter. 2

햄릿과 연옥에 대하여

전사에 관해서

hamlet
school

연극에서 가장 중요한 부분은 대사이다. 모든 정보가 대사를 통해 관객들에게 전달된다. 그래서 배우들은 대사를 외우는 데 사활을 건다. 대사만 잘 외운다고 좋은 배우가 되는 것은 아니다. 하지만 대사를 잘 외우지 못하면 좋은 배우든 나쁜 배우든 무대에 설 수 없다. 배우들이 가장 공포를 느끼는 것도 대사가 기억나지 않는 경우이다. 아무도 도와줄 이 없는 무대라는 바다 위에서 항해를 계속할 수 있게 하는 뗏목 역할을 하는 것이 바로 대사이다. 대사가 기억나지 않는다는 것은 뗏목이 박살 났다는 의미이다. 이쯤이면 배우에게는 죽음보다 더한 공포가 찾아온다. 배우들이 자주 꾸는 악몽 중 하나가 무대에서 대사 잊어버리는 꿈이다. 그래서 배우들은 대사 외우는 데 목숨을 건다. 대사를 외우기만 하면 어찌되었건 바다에 뜰 수는 있다. 그렇다보니 연극의 중요한 부분들은 소홀하게 넘기면서 무대에 서는 경우가 많다. 그럼 공연은 어떻게 되는 것인가? 망망대해에서 겨우 대사라는 뗏목 하나만 가지고 항해할 수 있을까?

공연은 스크린에 갇힌 영화와는 다르다. 무대라는 삶에서는 거센 파도도 치고, 때로는 폭풍우가 휘몰아치기도 한다. 바람이 불지 않아 그냥 그 자리에서 꼼짝 못하다가 굶어 죽을 수도 있다. 바로 난파될 가능성도 매우 크다. 관객의 눈과 호흡은 고요하지만 태풍이 불기 직전이나 다름없다. 관객들은 숨죽인 채 기다리고 있다. 배우가 불러 일으킬 거대한 감정의 태풍을. 그리고 태풍이 오면 배우가 마련한 배에 올라타고 눈물과 웃음으로 범벅이 된 연극이라는 항해를 같이하는 것이다. 관객은 바다 그 자체이고, 때로는 배를 전복시키는 폭풍우가 되기도 한다. 항해사인 배우가 뗏목에 관객을 태울 수는 없다. 더 튼튼하고 안전한 배를 만들어 항해 준비를 잘해야 한다. 모든 위험 요소에 대비해야 하고, 중간중간 지루해할 관객을 위해 마술 쇼도 준비해야 한다. 이런 준비 과정 중에 가장 힘들고 중요한 것이 바로 전사다.

대사만 외워 무대에 오르려는 배우는 학예회 참가나

생각하는 편이 좋다. 좋은 배우는 전사 작업에 많은 시간과 공을 들인다. 내 경험에 따르면 한국에서도 전사에 공들이는 배우들이 없는 것은 아니다. 한데 배우 개인이 몰래 혼자서 하는 경우가 대부분이다. 다른 배우보다 더 잘하고 싶은 마음에서 그러는 것일 거라고 생각한다. 그러면 그 배우는 주목받게 되어 있다. 어딘지 모르게 그 연기만 색이 더 진해 보이기 때문이다. 유럽의 주요 극단들은 이 전사 작업을 매우 중요하게 여긴다. 어떤 경우에는 이 작업에만 육 개월 정도를 쏟아붓기도 한다. 그 정도로 쉬운 일이 아니다. 이 과정에서 배우들 간에 갈등이 고조되어 언성 높여가며 싸우는 일도 일어난다. 배우들끼리만 그러는 것도 아니다. 제작진과 연출 스태프들 사이에도 전운戰雲이 맴돈다. 왜 아니겠는가? 열 명의 배우가 있으면 열 개의 다른 연극이 존재한다. 갈등이 많아질수록 연극의 레이어layer는 다양해지고 관객은 볼거리와 생각할 거리가 많아진다. 오백 명의 관객이 들어온다고 가정해보자. 이러면 최소한 오천 개의 다른 연극이 탄생한다. 관객은 자신들만의 연극을 감동이라는 포장지에 싸서 근처 맥주집으로 간다. 그리고 그날 본 연극을 안주로 씹으면서 카타르시스에 마음껏 취한다.

이제 〈햄릿〉에 등장하는 인물들의 전사 작업에 들어가

려고 한다. 이것이 얼마나 어려운 일인지 한번 공감해보자. 그냥 무대에 등장하는 순서대로 이들의 이야기를 해보겠다. 원전에는 버나도와 프란시스코가 같이 등장하는 것으로 되어 있지만 이야기의 논리상 프란시스코부터 생각해보자. 시간은 밤 12시에서 1시 사이라고 생각하면 될 것 같다. 크리스마스 시즌으로 프란시스코는 추위에 떨면서 보초를 서고 있다. 그리고 다음 초병을 기다리고 있는 중이다. 보초 업무를 충실하게 했을 수도 있고 아닐 수도 있다. 어쨌든 전후 사정으로 보았을 때 지금은 특별한 상황이다.

아직 전쟁이 일어나진 않았지만 노르웨이의 포틴브라스가 쳐들어온다는 소문이 돌고 있다. 농땡이를 피울 수 있는 상황이 아니다. 그런 면에서 잔뜩 긴장해 있을 것이다. 여기서 프란시스코가 이 정보를 알고 있는지 모르고 있는지 결정해야 한다. 프란시스코가 실제 덴마크 군인인지 용병인지 알지 못한다. 여기에 덧붙여 유령이 나타난다는 사실을 아는지 모르는지도 중요한 전사가 된다. 햄릿의 선왕과 같이 전투에 참여했던 군인인가? 아니면 이번에 경비를 강화하기 위해 새로 모집한 군인인가? 그는 새로운 국왕 클로디어스를 두려워하는가? 아니면 왕을 그저 잔머리만 굴리는 모사꾼으로 보는가?

프란시스코는 덴마크 병사들의 심리 상태를 대표하는 캐릭터이다. 병사들뿐만 아니라 일반 국민들의 심리 상태도 투영할 수 있는 인물이다. 추위에 떨다 어서 막사로 돌아가 몸을 녹이고 잠을 자고 싶은 것인지 아니면 유령이 나타날지 모른다는 공포에 떨다 겨우 해방된 것인지 이것도 여기서 결정해야 한다. 지금은 크리스마스 시즌일 뿐만 아니라 왕과 왕비의 결혼식을 앞두고 있는 상황이다. 그렇다면 들뜬 분위기로 가야 한다. 하지만 선왕이 갑자기 죽어 장례식이 거행된 직후인데 노르웨이가 침공한다는 소문이 돈다. 그뿐만이 아니라 왕의 유령이 떠돌고 있다는 소문이 군대에, 특히 초병들 사이에서 돌고 있다. 긴장된 분위기가 고조되는 것은 당연하다. 덴마크 왕궁에서는 이 두 가지 분위기가 동시에 펼쳐질 수도 있다. 프란시스코의 첫 대사를 살펴보자.

아니지, 네가 대답하라고. 멈춰, 정체를 밝혀.

보초를 교대하러 들어오는 버나도의 "게 누구냐?"에 이어지는 대사다. 먼저 프란시스코에게 아무 정보가 없다고 상정해보자. 프란시스코는 버나도의 대사에 어이가 없을 것이다. 보초를 선 것은 자기인데 올라오는 놈이 초병

이 할 대사를 한다. 그래서 "그게 아니야, 임마. 너 뭐 하는 놈이야? 어디서 그런 걸 배웠어. 멈추고 암구호부터 대"라는 의미로 시니컬하게 받을 수 있다.

이번에는 전쟁이 일어날 것이며 노르웨이군이 기습할 것이라는 사실을 알고 있는 프란시스코를 생각해보자. 긴장한 상태로 보초를 서고 있는데 인기척이 나면서 누군가 올라온다. 그는 일단 철커덕하면서 탄알을 장전한다. 그리고 소리 나는 곳을 겨누면서 이런 의미로 대사를 한다. "더 이상 올라오면 안 돼! 쏘겠다. 대답해. 멈춰! 거기 서! 암호!" 군기가 바짝 든 프란시스코는 진짜로 소총 사격할 태세로 응한다.

이 정도는 정상적인 군대에서 벌어질 수 있는 상황이다. 한데 유령이 출몰한다는 소문을 들은 상태라면 매우다른 반응을 보일 수 있다. "안 돼! 올 것이 왔구나!" 다리가 후들거린다. 그래도 군인이다. 떨리는 목소리로 자신의 임무를 수행해야 한다. "사람이라면 대답해라! 멈추고 암호를 대!"

이렇게 세 가지 경우만 생각해도 매우 다른 연극이 된다. 물론 더 복잡한 상황이 많이 있다. 한데 우리 대본은 시작 부분에 유령이 나오는 느낌이 강하다. 일단은 유령에 대한 소문을 들은 프란시스코라고 생각하고 대사를 분석해보자.

버나도?

버나도가 대는 "국왕 만세!"라는 암호를 듣고 프란시스
코는 안도의 한숨을 내쉬는 동시에 긴장이 풀린다. 자신
이 보초를 서고 있는 사이에 유령이 나타날까봐 불안한데
동료인 버나도가 교대하러 왔으니 얼마나 반갑겠는가. 안
도의 한숨과 함께 버나도임을 재차 확인한다.

교대 시간에 정확히 맞춰 와줬군.

제시간에 와준 버나도가 매우 고맙다. 진심으로 고마워
하는 마음이 느껴질 수밖에 없다.

이렇게 교대해줘서 정말 고마워. 뼈가 시리게 춥군. 아주 진
절머리가 나.

이제 자정이니 잠자리에 가서 자라는 버나도의 말을 받
아서 하는 대사이다. 추위와 두려움에서 해방되어 고마운
나머지 버나도를 껴안고 대사를 할 수도 있다. 아니면 버

나도가 가져온 수통의 따뜻한 물을 마시면서 안도의 대사를 할 수도 있다.

생쥐 한 마리도 얼씬거리지 않았어.

별일 없었느냐는 질문에 프란시스코는 다시 유령의 존재를 생각하면서 긴장할 수도 있다. 눈을 이리저리 굴리면서 대답할 수도 있다. 설령 무슨 일이 있었다고 해도 일단 버나도에게 여기를 물려주고 빨리 내려가고 싶은 마음에 건성으로 대답할 수도 있다.

그들인 것 같은데. 멈춰! 누구냐?

혹시 호레이쇼와 마르셀러스를 만나거든 서둘러서 오라고 전해달라는 버나도의 부탁을 받은 다음에 프란시스코가 하는 대사이다. 이 부분도 그의 상태에 따라 완전히 다른 상황으로 전개될 수 있다. 이미 무서워서 도망치듯 내려가는 길이라면 이것은 버나도에게 하는 대사가 아니다. 버나도가 도망치듯 자리를 뜨는 프란시스코의 등 뒤에 외치고, 프란시스코는 멀리서 버나도의 이야기를 듣고 혼잣말을 하는 것으로 볼 수도 있다. 그렇다면 다시 두려움이 몰려올 수도 있다. 그들이 아니면 유령일 수도 있고, 그냥 둘이서 속닥거리면서 올라오는 길일 수도 있다. 그렇다면 처음보다 덜 무서울 수 있다. 그 경우 좀 전과는 다르게 씩씩한 모습으로 대꾸할 것이다.

좋은 밤 보내세요.

정체를 밝힌 호레이쇼와 마르셀러스에게 바로 작별인사를 하며 내려가려고 한다. 서둘러서 이 자리를 빠져나가는 모습일 수 있다.

버나도와 교대했어요. 좋은 밤 보내시라고요.

마르셀러스가 누구와 교대했느냐고 던진 질문에 프란시스코는 버나도라고 답하고 귀찮다는 듯이 더 빨리 내려갈 수 있다.

꼭 이렇게 전개되라는 법은 없다. 하지만 그 존재가 미미했던 프란시스코의 전사에 따라 연극에 극도의 긴장감이 조성된다. 물론 우리 대본에는 프란시스코가 등장하지 않는다. 하지만 그의 대사들은 유령처럼 연극 도입부 여기저기에 등장한다. 이런 미세한 전사들을 다 하자면 시간이 많이 걸린다. 여기서는 전사의 중요성을 한번 생각해보자는 차원에서 다루어본 것이다. 앞으로 우리 연극에서는 일정 정도 필요한 부분들만 스케줄에 맞춰서 다루어보고자 한다.

무대를 기다리며

공식적인 연습 시작은 2022년 5월 23일 월요일이었는데, 배우와 스태프들과 상견례하고 대본 리딩을 한 번 하고 난 후에는 이야기할 시간을 내기가 어려웠다. 게다가 학교 수업이 화요일과 목요일이라 하필이면 내가 본격적인 연습 첫날에 불참하게 되어 고민하다 미안한 마음에 이 글을 써서 배우들에게 전달해달라고 부탁했다. 상황적으로 미묘한 부분들이 많아 직접 마주 보고 원문을 인용하면서 대사들을 설명하는 것이 효과적이지만, 수요일은 기자 간담회가 잡혀 있어 연속으로 삼 일을 불참하는 상황이었다. 나중에 설명하면 연습의 흐름을 깨는 꼴이 되므로 수요일에 조연출에게 노트를 전달하고 금요일 연습에 참석했다. 한데 목요일 연습에 불참했던 사람이 나 말고도 한 명 더 있었다.

윤석화 배우가 금요일에 이 노트를 차근차근 읽더니 너무나 소중하고 공감되는 글이라면서 후배 배우들에게 새겨가며 읽어야 한다고 열변을 토한다. 여기까지는 좋았다. 그러면서 작가님을 치켜세운다. 대본을 각색한 배삼식 작가가 쓴 글인 줄 알았던 거다. 그러자 유인촌을 비롯한 주위의 다른 배우들이 난리를 친다. 무슨 소리를 하는 거냐며 핀잔을 주면서 드라마투르크 박 선생이 준 자료라고 정색한다. 괜히 윤석화 배우도 민망해하고 더불어 나도 민망해졌다. 하지만 이를 계기로 윤석화 배우와의 관계가 매우 편안해진 것도 사실이다.

조금 뒤에 윤석화 배우가 왜 그런 착각을 했는지 이해되는 사건이 또 하나 벌어진다. 전무송 배우가 당신 자리로 오라며 나에게 손짓한다. 옆에 앉으라고 하더니 자신이 평생 연기하면서 고민하던 부분이 있었는데 내 글을 읽고 해결되었다고 말한다. 극진한 칭찬에 머리를 긁적이는데 노배우의 말씀을 계속 듣다보니 뭔가 이상하다. 내가 하지 않은 말을 인용한다. 어떤 글인지 되물으니 전무송 배우가 종이를 내밀면서 이거 박 선생이 준 거 아니냐고 한다. 내가 불참한 화요일에 배삼식 작가가 배우들에게 주는 글이라며 나누어준 모양이다. 전무송 배우는 이글도 내가 쓴 걸로 착각해 나를 칭찬한 것이었다. 내가 이건 배삼식 작가가 쓴 글이라고 말하자 전무송 배우가 민망해한다. 윤석화 배우는 화요일 연습에 참석해서 작가의 글을 읽었으니, 당연히 내가 쓴 전사에 관한 글도 작가가 썼을 것이라 착각한 거고, 나를 귀여워해주는 전무송 배우는 오늘 내 글을 읽고 작가의 글도 내가 쓴 걸로 착각한 것이다. 하지만 무슨 상관이 있겠는가? 두 배우 모두 칭찬을 하려고 한 것이니, 서로 하나씩 나누어 가지면 된다. 출발부터 시니어 배우들의 칭찬을 들으니 연습이 잘될 거란 예감이 든다.

연극 〈햄릿〉, 그리고 그 틈새에 숨어 있는 루터

〈햄릿〉에는 주인공 햄릿 외에도 많은 인물들이 등장한다. 각 인물들을 주인공으로 한 메타-햄릿도 수없이 많다. 심지어 마지막에 잠깐 등장하는 포틴브라스를 주인공으로 한 연극도 있다. 한데 〈햄릿〉에 등장했는데 아무도 눈치채지 못하는 인물이 있다. 바로 종교개혁의 주인공인 마르틴 루터이다. 그럴 리가! 〈햄릿〉에 왜 루터가 나와? 나온다. 아니 나와야 한다. 햄릿은 정통 루터파이기 때문이다.

셰익스피어는 덴마크 왕자 햄릿을 루터가 교수로 있던 작센의 비텐베르크 대학으로 유학 보낸다. 햄릿은 그곳에서 선배인 호레이쇼를 만나 개신교에 대해 철저히 공부한다. 이야기는 1517년 루터가 비텐베르크 성당 문에 95개 논제를 붙이면서 시작된다. 한데 이 반박문이 갑자기 붙은 것은 아니다. 뭔가 고발하고 싶은 것이 있으면 10월의 마지막 날 이렇게 성당문에 대자보를 붙이는 것이 비텐베르크 대학의 전통이다. 그러면 이 글을 사람들이 읽고 그 내용을 필사해서 여기저기 퍼트린다.

이 반박문의 대부분은 면죄부에 대한 비판이다. 면죄부의 폐해에 대한 이야기는 워낙 유명하니 여기서는 생략하자. 루터는 면죄부가 진정한 회개를 하는 데 오히려 걸림돌이 된다며 폐지를 주장한다. 한데 이 면죄부의 불필요성을 설명하기 위해 루터는 커다란 벽을 넘어야 했다. 바로 연옥이다. 연옥이 존재하지 않아야만 면죄부가 사기라는 것이 증명된다. 이렇게 루터와 개신교는 중세를 가두어놓았던 연옥을 철저히 부정한다.

오로지 천국과 지옥만 존재하는 것이 개신교의 주요 골자이다. 연옥이 언제 발명되었는지는 정확히 모르지만 대략 12세기 후반이라고 생각하면 될 것 같다. 이 연옥을 부정하는 루터의 반박문은 기존의 대자보와는 다른 경로로 유포된다. 구텐베르크로 인해 인쇄술이 발달한 상태에서 루터가 라틴어로 쓴 반박문이 독일 북부 지역에 순식간에 퍼진 것이다. 그리고 뉘른베르크에서 이 반박문은 독일어로 번역되어 독일어를 사용하는 지역에 모두 배포된다.

종교개혁은 이렇게 시작되었다. 무명의 신부에 불과하던 루터의 이름은 이 반박문과 함께 전 유럽으로 퍼져나간다. 로마교황청과 신성로마제국의 황제 카를 5세가 그냥 두고 볼 리 없다. 1521년 황제는 보름스 제국 의회 Reichstag zu Worms를 소집하고 루터를 소환한다. 한데 부른다고 다 갈 수는 없다. 이미 루터의 선배 격인 체코의 얀 후스Jan Hus가 이런 식으로 소환되었다가 바로 산 채로 화형에 처해진 선례가 있기 때문이다. 루터 주위의 모든 사람들이 반대한다. 그런데 루터는 이런 위험을 감수하고 보름스로 간다. 대신 작센의 선제후인 프리드리히 3세에게 자신의 안전을 보장해달라고 요청한다.

4월 2일 민중들의 환호를 받으며 비텐베르크를 출발한 루터는 4월 16일에 보름스에 도착해서도 수많은 민중의 환영을 받는다. 하지만 이런 환영은 의회 밖에서의 이야기이고, 루터가 의회에 들어서자 교황파와 황제파의 공격이 시작된다. 쏟아지는 비난의 포화 속에서 루터는 한 발도 물러서지 않고 모든 비난을 조목조목 받아친다. 이런 추궁은 삼 일간 계속된다. 중도파인 에라스무스파가 보다 못해 루터에게 한발 양보할 것을 권유하지만 루터의 고집은 대단했다. 그는 자신의 주장을 단 하나도 철회하지 않는다. 결국 황제는 루터를 처형하려고 한다. 하지만 프리드리히 3세가 보낸 군대가 루터를 보호하고 나섰다. 그리고 비밀리에 루터를 납치하는 것으로 위장해서 바르트부르크 성에 숨긴다. 루터는 여기에 숨어 성경의 독일어 번역 작업에 착수한다. 교황은 루터를 파면하고 황제는 5월 25일에 그를 이단으로 규정하는 보름스 칙령을 내린다. 이제 루터는 가톨릭 교회의 공적이 된 것이다. 루터의 보름스 의회 출석은 개신교도들에게 예수의 예루살렘 입성과도 같은 대사건이었다. 실제로 이때 루터에게 감동받아 개신교로 개종한 군주들이 브란덴부르크 등 독일 북부 지역에 등장한다.

다시 〈햄릿〉으로 돌아가보자.

위대한 셰익스피어 전문가인 피터 브룩은 셰익스피어의 대사를 핵분열을 일으킬 수 있는 원자에 비유하면서 우리가 그 틈을 벌리면 대사는 무한의 에너지를 제공할 것이라고 이야기한 적이 있다. 나도 선배인 피터 브룩의 조언대로 그 틈을 벌려 셰익스피어를 불러오려고 하는데 어디에 쐐기를 꽂아 망치질을 할지 고민이다. 여기저기 둘러보니 4막 3장에 틈이 보인다. 발산될 에너지도 만만치 않다. 셰익스피어는 루터의 보름스 의회 사건을 여기에 꽁꽁 숨겨놓았다.

왕   햄릿, 말하라. 폴로니어스는 어디 있느냐?Now,
Hamlet, where's Polonius?

햄릿 저녁식사 중이지요At supper.

왕   저녁을 먹어? 어디서?At supper? Where?

햄릿 먹는 게 아니라 먹히는 중입니다. **구더기 한 무더
기한테.** **먹이사슬** 중에 **우두머리는** 결국 **구더기**
죠. 우리는 다른 짐승을 살찌워 잡아먹고, 그렇
게 살이 찐 우리를 구더기가 잡아먹고. 살찐 왕
이나, 뼈만 남은 거지나 구더기한테는 매한가지,
똑같은 음식이랍니다. 우린 그렇게 끝장나지요
Not where he eats, but where he is eaten. A
certain convocation of **politic worms** are e'en
at him. Your **worm** is your only **emperor for**
diet. We fat all creatures else to fat us, and we
fat ourselves for maggots. Your fat **king** and
your lean **beggar** is but variable service, two
dishes, but to one table. That's the end.

왕   저런, 저런……Alas, alas!

햄릿 **구더기는** 왕을 먹고 그 **구더기로** 낚은 **물고기는**
거지가 먹습니다A man may fish with the **worm**
that hath eat of a king, and eat of the **fish** that

	hath fed of that **worm**.
왕	그게 무슨 뜻이냐?What dost thou mean by this?
햄릿	잘난 왕도 결국엔 거지 배 속으로 행차하신다, 이 말씀이지요Nothing but to show you how a king may go a progress through the guts of a beggar.

햄릿이 폴로니어스를 죽인 뒤 잡혀와서 시체를 어디에 숨겼는지 왕에게 추궁당하는 장면이다. 한데 이 대사의 틈새에 종교개혁의 핵심 사건이 담겨 있다. 우리 대본에서는 "구더기 한 무더기"로 번역한 *A certain convocation of politic worms*를 눈여겨봐야 한다. *convocation*은 회합이라는 뜻이다. 그리고 *politic worms*는 직역하면 '정치적 구더기들'이라는 뜻이다. 폴로니어스의 시체에서 정치적 구더기들의 회합이 벌어지고 있다는 말이다. 이쯤에서 눈치챈 사람도 있겠지만 *worms*를 독일어로 읽으면 보름스이다. 보름스 제국 의회가 루터를 공박하는 장면을 여기에 담아놓은 것이다. 그리고 다음 구절을 보면 이 메타포는 더욱 확실해진다. *Your worm is your only emperor for diet.* 우리 대본에서 "먹이사슬 중에 우두머리는 결국 구

더기죠"라고 번역한 부분이다. 이것은 보름스 제국 의회를 지칭한다. 보름스 제국 의회는 독일어로 *Reichstag zu Worms*, 영어로는 *Diet of Worms*이다. 다른 말로 *imperial diet*라고도 한다. 보름스는 그 지역 영주의 권한이 미치지 못하는 황제의 도시imperial city여서 여기서 제국 의회가 열리는 것이다. 물론 *diet*에는 식사와 관련된 뜻도 있지만 하루 일과를 의미하는 라틴어 *dieta*에서 유래한 '모임'이나 '의회'라는 뜻이 있다. 셰익스피어는 *Diet of Worms*를 이 장면에 집어넣어 루터를 오마주하는 것이다. 게다가 물고기fish를 언급한다. 기독교인들에게 물고기는 예수를 상징한다. 예수가 어떤 식으로 취급되는지에 대한 풍자까지 들어가 있는 것이다.

한데 셰익스피어는 왜 루터를 여기에 끌어다 넣었을까? 당시 분위기를 생각해보자. 루터를 이단으로 규정한 신성로마제국의 카를 5세는 합스부르크가 역사상 가장 강력한 황제였다. 독일과 오스트리아 지역뿐 아니라 네덜란드와 벨기에, 스페인과 이탈리아 지역을 포함하는 유럽 전역이 그의 영향권에 있었다. 그에게 대항할 수 있는 왕은 프랑스의 프랑수아 1세 정도였는데 그는 파비아 전투에서 카를 5세에게 포로로 잡힌다. 프랑수아 1세는 이후 복수의 기회를 노리며 칼을 갈지만 기회는 오지 않는다. 이들과 어깨를 나란히 하면서 전쟁을 벌이던 사람이 영국의 헨리 8세다. 헨리 8세는 아라곤의 캐서린과 이혼한 다음 앤 불린과 결혼하기 위해 가톨릭을 포기하고 개신교로 개종했다고 하는 것이 보통의 설이다. 원래 가톨릭에서는 이혼을 허용하지 않는다. 한데 당시 마르틴 루터는 성경의 일부다처를 언급하면서 헨리 8세에게 이혼할 수 있다고 힘을 실어주었다. 그리고 독일 북부 지역뿐 아니라 영국도 개신교가 된 것이다.

역사가 이렇게 순조롭게만 흘러가주면 얼마나 좋을까? 헨리 8세는 결혼을 여섯 번이나 한 사람이다. 자식 관계가 복잡하다. 아들 에드워드 6세가 왕위를 이어받은 것까지는 큰 탈이 없었다. 한데 아홉 살에 왕위에 오른 그가 열다섯 살에 죽어버린다. 다음 왕위는 그의 배다른 누나들에게 돌아간다. 이때 등장하는 인물이 헨리 8세와 아라곤의 캐서린 사이에서 태어난 메리 1세이다. 가톨릭인 메리는 오 년의 재위 기간 동안 자신에 반대하는 개신교도들을 학살한다. 그래서 붙은 별명이 블러디 메리Bloody Mary이다. 그녀의 재위 기간 동안 다시 가톨릭이 기승한다. 하지만 형장의 이슬로 사라진 앤 불린의 딸 엘리자베스가 메리의 뒤를 이어 즉위하고, 그녀는 장장 사십오 년 동안 영국을 다스린다. 이렇게 영국 왕실은 다시 개신교로 복귀

한다. 교황은 엘리자베스 1세를 파문하고 이단으로 규정한다. 그러자 엘리자베스 1세도 가톨릭으로 개종하는 사람들을 반역으로 규정하고 사형에 처한다. 연극 〈햄릿〉은 이런 무시무시한 분위기에서 공연되었다.

〈햄릿〉은 연옥과 루터를 두고 위험한 줄타기를 하는 연극이다. 〈햄릿〉이 처음 쓰인 1599년이면 엘리자베스 1세가 죽기 사 년 전이다. 그리고 스코틀랜드의 제임스 6세가 후손이 없는 그녀의 뒤를 이어받아 1603년에 제임스 1세로 영국 왕으로 등극한다. 제임스 1세는 개신교도로 알려져 있지만, 그 내막은 매우 복잡하다. 어린 시절 자신의 아버지와 어머니가 모두 개신교도들에게 죽음을 당한 뒤 강제로 개신교도로 교육되었다. 개신교도들에 대한 감정이 그리 좋을 리 없다. 하지만 영국은 이미 개신교가 확고히 자리를 잡은 상태다. 그가 취할 수 있는 태도는 가톨릭도 용인하는 정도다. 그는 통합적인 기독교인이라고 보면 된다. 최초의 영어 성경인 킹 제임스 바이블도 이때 완성된다. 연극 〈햄릿〉도 이 시기에 몇 차례 수정에 들어간다. 위험한 대사들은 숨바꼭질을 해야 한다. 셰익스피어는 연극 곳곳에 이런 위험 요소들을 숨겨놓고 자신은 모르는 일이라고 발뺌한다.

제임스 1세의 통치기를 보통 자코비언 시대Jacobean Era라고 한다. 영어의 *James*는 라틴어로 *Jacobus*이다. 성경의 야고보에서 기인한 이름이다. 오셀로의 악당 이아고Iago의 영어 이름 역시 제임스다. 아무튼 제임스 1세가 즉위하면서 셰익스피어는 전성기를 맞이하고 글로브 극단도 왕의 후원을 받는다. 이에 보답이라도 하듯 셰익스피어는 제임스 1세에게 바치는 연극 〈맥베스〉를 1606년에 공연한다. 루터가 보름스를 통해 〈햄릿〉에 그 그림자를 비치는 것처럼 제임스 1세도 〈맥베스〉에 나타난다.

4막 1장에서 불안한 맥베스는 마녀들을 다시 찾아가 예언을 듣는다. 이때 마지막에 방코의 유령과 함께 왕이 된 그의 자손들이 한 명씩 등장하는 장면이 있다. 여덟 번째 자손은 거울을 들고 등장하는데 그 거울 속에 제임스 1세가 스코틀랜드와 잉글랜드의 왕위를 물려받았다는 것을 상징하는 두 개의 구슬이 나온다. 바로 이 여덟 번째 자손이 제임스 1세인 것이다. 〈햄릿〉은 이런 미묘한 시기에 정치와 종교라는 두 개의 줄을 꼬아놓은 연극이다.

무대를 기다리며

    이것은 2022년 공연을 준비하면서 쓴 내용을 좀 더 손봐 공연 프로그램에 올린 글이다. 금요일 아침이었는데 손진책 연출에게 연락이 왔다. 중요한 일이 있어 저녁에 나 연습에 온다며, 배우들과 작품에 대한 이야기를 나누며 대신 연습을 진행해달라고 한다. 그래서 셰익스피어 원전과 함께 〈햄릿〉 전사에 매우 중요한 루터와 연옥에 관한 간단한 노트를 준비했다. 하지만 조금 걱정스러운 마음이 들었다. 2016년에 손진책 연출과 작품을 준비할 때 들었던 이야기가 떠올랐기 때문이다. 영어 대본을 가져가면 배우들이 매우 싫어한다는 것이다. 하지만 원문이 없으면 무슨 수로 구더기와 황제에 관한 비유와 루터를 설명한단 말인가? 되도록이면 간단하게 설명하려고 최소한의 텍스트만 뽑아 갔다. 한데 다 기우에 불과했다. 내가 영국의 셰익스피어 전문 배우들 톤으로 대사를 읽어나가자 배우들은 일종의 환호에 가까운 반응을 보여주었다. 특히 런던에 거주하던 윤석화 배우의 반응은 잊을 수 없다. 옆자리의 배우들과 눈짓을 주고받으면서 저게 영국식

악센트라고 하는 것 같았다. 못 본 척하고 계속 설명을 진행했다. 이 부분은 손진책 연출의 오산이었다. 연출뿐만 아니라 배우들과도 원서 강독을 같이했으면 더 좋았을 거라는 생각이 들었다.

레퍼토리 극장이 활성화된 독일과 달리 한국에서 드라마투르크가 가장 힘들어하는 부분은 배우들과 같이 호흡하기가 어렵다는 것이다. 무슨 이유인지는 모르겠지만 많은 경우 배우들은 드라마투르크에게 자신의 문을 열려고 하지 않는다. 연극인들 사이에도 일종의 이너 서클이 있다. 그리고 드라마투르크는 동업자가 아니라고 생각하는 모양이다. 한데 그 문이 활짝 열린 것이다. 셰익스피어의 대사가 마법의 주문처럼 그 문을 아예 부숴버렸다. 심지어 맨 끝에 앉아 있어 얼굴도 잘 볼 수 없었던 레어티즈 역의 박건형 배우가 나에게 다가와서 악수를 청하며 전사를 잘 부탁한다고 인사한다. 저녁에 손진책 연출이 와서 연습이 어땠는지 묻길래 원어로 하니 다들 좋아했다고 전하자 보살 미소를 빙그레 지으면서 고개를 끄덕인다. 워낙 과묵한 분이라 이 정도만 해도 좋은 반응이다.

연옥에 갇힌 햄릿

연극 〈햄릿〉에 이름이 언급되지 않지만 등장하는 루터처럼 연옥이란 명칭 역시 〈햄릿〉에 등장해서는 안 된다. 하지만 관객이나 배우 모두 이게 연옥이라는 것을 알아야 한다. 햄릿의 선왕 유령 역시 자신이 연옥에서 나왔다는 것을 암시만 할 뿐 분명하게 밝히지 않는다. 가톨릭으로 개종하기만 해도 반역죄로 목이 달아나는 시절에 제아무리 셰익스피어라 해도 연옥이라는 단어를 언급할 수는 없다. 하지만 관객과 독자들에게 유령의 존재를 설명하기 위해서는 연옥을 설명해야만 한다. 셰익스피어는 여기서 유령의 입을 빌려 숨바꼭질을 시작한다.

연옥은 영어로 *purgatory*이다. 정화시킨다는 의미의 라틴어 *purgare*에서 왔다. 정화시키는데 뭘로 정화시키는가? 불로 죄를 태워서 정화시킨다. 한자로는 煉獄이다. 태울 연煉을 쓴, 태우는 감옥이다. 즉 불과 관련된 곳이다. 햄릿을 다른 사람들로부터 떼어내려고 유령은 햄릿을 밤새 이리저리 끌고 다닌다. 지친 햄릿이 더 이상 못 가겠다면서 어서 말하라고 하자 유령이 이렇게 대답한다.

My hour is almost come, when I to sulphurous and tormenting **flames** must render up myself.

번역을 하면, 내가 고통스러운 유황불to sulphurous and tormenting flames로 돌아가야 하는must render up myself 시간이 다 됐다my hour is almost come는 뜻인데, 유황불 때문에 동양 사람들은 이곳을 지옥이라고 착각한다. 지옥 하면 보통 유황 지옥을 떠올리기 때문이다. 하지만 당시 서양 사람들은 바로 연옥을 떠올렸다. 유령이라 하더라도 지옥에서는 아무도 빠져나올 수 없다. 하지만 연옥이라면 가능하다. 다음 구절을 보자.

I'm thy father's spirit, doom'd **for a certain term** to walk the night and for the day confined to fast in fires, till **the foul crimes** done in my days of nature are burnt and

purged away.

여기서 연옥에 대한 중요한 키워드들이 등장한다. *for a certain term*을 사용해서 지옥처럼 영원히 갇히는 것이 아니라 특정 기간만 갇혀 있는 것이라고 언급한다. 게다가 밤에만 돌아다니고to walk the night, 낮에는 불길에 갇혀 있다for the day confined to fast in fires. 기간도 정해져 있다. 생전에 지은 죄가 다 태워져서 정화될 때까지 till the foul crimes done in my days of nature are burnt and purged away이다. 이렇게 매우 구체적으로 연옥을 설명한다. 게다가 *purgatory*를 연상시키는 *purge*라는 단어를 사용한다. 그러면서도 셰익스피어는 유령의 입을 빌려 구체적으로 '어디라고 자신은 말 못한다I am forbid to tell the secrets of my prison-house'며 발을 뺀다.

이 정도만 해도 연옥이라고 생각할 텐데 셰익스피어는 더 나아가 연옥과 관련된 구체적인 인물을 끌어들인다. 유령이 사라지고 호레이쇼와 군인들이 나타나자 햄릿은 유령에 대해 설명하면서 다음과 같은 대사를 한다.

그래, 성 패트릭에 맹세컨대, 하지만, 호레이쇼, 많은 해로움도 있어. 이 환영이 정직한 유령이란 건 확실히 말할 수 있어.

Yes, by **Saint Patrick**, but there is, Horatio, and much offence too. Touching this vision here, it is an **honest ghost**, that let me tell you.

맹세를 다짐하는 감탄사로 보통 *by God* 또는 *by Jesus* 를 쓰는데 햄릿은 *by Saint Patrick*, 즉 "성 패트릭에 맹세 컨대"라고 말한다. 성 패트릭은 아일랜드에 기독교를 전 파한 사람으로 아일랜드의 수호 성자이다. 그래서 성 패 트릭이 죽은 3월 17일은 성 패트릭 축일로 아일랜드의 공 식 공휴일이다. 그럼 햄릿이 아일랜드 사람이란 말인가? 아니다. 여기서 성 패트릭이 언급된 것은 그가 연옥과 관 련 있는 인물이기 때문이다. 성 패트릭이 기도하고 있는 데 예수가 나타나서 연옥이 있는 동굴을 보여주었다는 전 설이 있다. 그리고 이 동굴은 아일랜드 북동쪽에 위치한 스테이션 아일랜드Station Island에 있다. 당시에는 순례자들 의 행렬이 끊이지 않던 곳으로, 지금은 이 자리에 성 패트 릭 바실리카Saint Patrick's Basilica가 세워져 있다. 이쯤 되면 사 람들은 유령이 연옥에서 나왔다고 생각하지 않을 수 없다.

무대를 기다리며

유령 역의 전무송 배우가 노트를 읽고 한마디 한다.

"사백 년 동안 연옥에 갇혀 있었네! 이제 풀려나면 사백 년 만에 풀려나게 생겼어!"

팔순이 넘은 노배우가 대본을 외우느라 힘겨워하는 것을 보니 안쓰럽기 그지없다. 다 외웠다고 생각해도 어느 순간 깜박깜박한다. 그러곤 연출과 다른 배우들에게 미안한 마음에 어찌할 바를 모른다. 할 수 없다. 그게 배우의 숙명이다. 할리우드의 배우 더스틴 호프먼이 존경하던 선배 로런스 올리비에에 대한 인터뷰를 했던 적이 있다. 셰익스피어의 전 작품을 줄줄 외우던 로런스 올리비에가 나이가 든 후 진통제를 먹으면서 연기하는데 단 세 줄의 대사를 외우지 못하던 장면을 회상하면서 더스틴 호프먼이 눈물을 글썽이던 것이 떠올랐다.✦ 괜히 찡해진다. 저렇게

✦ "정말 그 모습을 보기가 힘들었죠. 그가 고통스러워하는 걸 모두 알고 있었어요. 진통제로 버티고 있다는 것도 알았고요. 〈리어왕〉, 〈리처드 3세〉, 〈햄릿〉의 모든 대사를 줄줄이 외우던 분이 진통제 때문에 불과 세 줄의 대사도 외우지 못하다니. 너무 슬펐습니다. 그는 이 역할을 간절히 원했어요. 자신이 죽어가고 있다는 것을 알고 있었거든요."

농담을 던질 수 있는 계기가 된 노트를 쓰길 잘했다며 혼자서 내 영혼을 토닥토닥 달래본다.

앞에서 설명한 것처럼 연극 〈햄릿〉은 유령에 의해 모든 것이 결정된다. 루터파인 햄릿과 호레이쇼에게 유령은 있을 수 없는 존재다. 우리 대본에는 빠져 있지만 원래 〈햄릿〉 1막 1장에서는 호레이쇼와 유령의 갈등이 펼쳐진다. 유령은 햄릿을 불러오기 위해 시스템을 갖추어 등장한다. 처음에는 일반 초병인 버나도 앞에 등장한다. 그리고 버나도가 장교인 마르셀러스를 불러오게 한다. 유령은 마르셀러스 앞에 나타남으로써 결국 햄릿의 친구인 호레이쇼를 불러오게 한다. 하지만 이 의심 많은 호레이쇼에게 자신이 햄릿 선왕의 유령이라는 걸 알리는 것은 매우 어려운 일이다.

기껏 등장했더니 호레이쇼가 잘난 척하느라고 전쟁 때

문에 나타난 것이라고 잘못된 해석을 하면서 시저의 죽음까지 들먹인다. 할 수 없이 유령은 다시 등장해서 한바탕 소동을 벌여 호레이쇼의 정신을 쏙 빼놓고 사라진다. 마르셀러스는 왕에게 너무 무례하게 군 것 아니냐고 약간 짜증을 낸다. 그리고 크리스마스 시즌을 들먹이면서 민간 신앙적인 해석을 하는데 대학자인 호레이쇼는 이를 받아들인다. 드디어 유령은 호레이쇼가 햄릿을 불러오게 하는 데 성공했다.

1막 4장에서 유령은 원하던 대로 햄릿을 만난다. 이제는 햄릿과 단둘이 있을 시간을 만들어야 한다. 호레이쇼와 군인들을 따돌리기 위해 밤새 많은 시간을 쓴 유령은 1막 5장에서 겨우 둘만이 있는 공간으로 햄릿을 유인한다. 하지만 유령의 고민은 아직 해결되지 않았다. 유령이 햄릿에게 원하는 것은 "삼촌을 죽이고야 말겠다!"라는 약속을 얻어내는 것이다. 그것만이 그가 연옥에서 벗어날 수 있는 유일한 길이다. 한데 이런 약속을 얻어내는 데에는 몇 가지 장애물이 있다.

첫 번째는 시간이다. 가장 긴박한 요소이기도 하다. 곧 새벽이 올 것이고, 그럼 그는 연옥으로 돌아가야 한다. 그리고 이번이 햄릿을 만나 이야기할 수 있는 마지막 기회다. 1막 1장에서와 같은 타이밍이면 곧 닭이 울 것이다.

무대에서는 대략 삼 분 정도의 시간만 남아 있다고 생각하면 맞을 것 같다.

두 번째는 유령에 대한 햄릿의 회의감이다. 유령이 정말 죽은 아버지인가, 아니면 호레이쇼가 경고한 대로 햄릿을 광기나 죽음으로 몰고 가려는 악마인가.

세 번째는 유령이 아버지라는 사실을 햄릿이 받아들인다고 해도, 유령은 클로디어스를 죽이는 것이 얼마나 중요한지 설명하는 데 실패할 수도 있다는 점이다. 유령은 자신을 죽인 자에 대한 복수가 이루어지지 않는다면 연옥에서 자신이 받고 있는 형벌은 끝나지 않는다는 것을 짧은 시간 안에 햄릿에게 설득해야 한다.

네 번째는 햄릿이 비텐베르크 대학에서 연옥은 존재하지 않는다고 배웠다는 것이다. 그리고 유령은 연옥의 존재를 산 사람들에게 설명하는 것이 금지되어 있다. 따라서 연옥을 언급하지 않으면서 자신이 끔찍한 고통을 받고 있다는 사실을 설명해야만 한다.

다섯 번째는 아버지가 살해되었다는 이야기를 듣고 햄릿이 어떻게 반응할지가 미지수라는 것이다. 햄릿이 믿을 것인가?

여섯 번째는 살인자가 삼촌이라는 사실에 햄릿이 어떻게 반응할지 유령은 모른다는 것이다. 클로디어스가 왕위를 빼앗기 전에 햄릿이 삼촌을 미워했다는 사실은 텍스트 어디에도 존재하지 않는다. 그래서 유령의 관점에서 보자면, 햄릿이 삼촌을 그리 신경 쓰지 않을 수도 있고, 오히려 삼촌을 좋아할 수도 있다. 유령은 클로디어스가 거트루드를 유혹했던 것처럼 햄릿을 유혹했을 것이라고 생각한다. 게다가 클로디어스가 가진 매력과 지성을 잘 알고 있다. 그래서 햄릿이 클로디어스에게 분노하도록 만들려면 딱 한 번의 기회밖에 없다는 것을 잘 알고 있다.

일곱 번째는 햄릿이 아버지에 대한 복수에 동의한다고 해도, 이성을 잃고 행동할 확률이 높다는 것이다. 아버지는 햄릿에 대해 잘 알고 있다. 목표인 클로디어스보다 햄릿 자신이나 거트루드에게 칼날을 돌릴 위험이 있다. 이 장애물이 사실 가장 위험한 요소이다. 햄릿이 자신의 의무를 망각하고 분노나 열정에 빠져 어머니를 죽이거나 자살한다면 모든 계획은 수포로 돌아간다. 그리고 자신은 영겁의 불길에서 빠져나오지 못한다.

유령에게 주어진 시간은 얼마 되지 않는다. 곧 새벽이 올 것이고, 유령은 이 짧은 시간 안에 이렇게 복잡한 문제들을 풀어야 한다. 닭의 목을 비틀어도 새벽은 온다! 셰익스피어가 연옥에 집어넣은 햄릿 선왕 유령을 이제는 풀어줄 때가 되었다. 사백 년 동안 갇혀 있던 선왕 유령을 전무송 배우가 과연 풀어줄 것인지는 이 장애물들을 어떻게 극복하느냐에 달려 있다.

햄릿 선왕을 연기한 배우들

2016년.. 정동환

2022년.. 전무송

2024년.. 이호재, 전무송

무대를 기다리며

2022년에 이 노트를 읽고 유령 역을 맡은 전무송 배우가 또 한마디 한다. 유령에게 캐릭터가 생겼다는 것이다. 그 부분은 전혀 생각하지 못했다. 노트를 다시 한 번 읽어 보니 그럴 만도 하다. 요구 사항이 너무 많은 것도 같다. 넘어야 할 방해물이 일곱 개나 된다. 그저 억울하게 죽은 아비의 복수를 해달라는 유령이 아니다. 연옥이라는 개념을 도입하니 유령의 심리도 복잡해졌다. 하지만 길디 긴 유령의 대사가 고통을 부르짖는 데 그친다면 관객도 불편할 것이다. 대사 외우는 데 어려움을 겪고 있는 노배우를 괴롭히는 것이 아니길 바라면서 이 글을 썼다. 이 노트 이후에도 백발의 노배우 옆에서 조근조근 설명드리면서 이미지를 형상화시키려고 노력한다. 다행스럽게 이런 설명이 있은 뒤에는 대사를 잊는 일 없이 연습을 마무리한다. 이런 모습을 볼 때마다 내가 무대에 선 것처럼 조마조마하다. 연극이란 이래저래 애간장을 태우는 애물단지다.

chapter. 3

햄릿, 그 고독한 인간

이 연극에서 햄릿의 캐릭터를 분석하는 것이 큰 의미가 있을 것 같지는 않다. 거의 대부분의 노트들이 햄릿이 꼭 읽어야 하는 것들이다. 모든 캐릭터가 햄릿과 연결되어 있기 때문이다. 여기서는 햄릿의 변화에 대한 이야기를 해보려고 한다. 햄릿은 연극 내내 운명이라는 그물에서 벗어나려고 안간힘을 쓴다. 자신의 의지와는 상관없이 운명은 처음부터 그를 얽매어온다. 비텐베르크에서 공부 잘하고 있던 햄릿이 아버지의 사망 소식을 듣고 덴마크로 달려온다. 한데 장례가 끝나자마자 어머니가 삼촌과 재혼을 한다. 괴로워서 죽고 싶을 지경이다. 혼자 남은 햄릿은 "약한 자여, 그대 이름은 여자Frailty, thy name is woman"로 유명한 첫 번째 긴 독백을 한다. 너무 괴로워서 몸이 녹아내릴 지경이라 자살을 생각해보지만, 종교 때문에 어찌할 수 없는 처지이다.

이때 등장한 호레이쇼에게 아버지 유령에 관한 이야기를 듣고 햄릿은 유령을 만나러 간다. 이렇게 만난 유령은 자신이 동생인 클로디어스에게 살해당한 사실을 알리면서 복수를 부탁하고 사라진다. 혼자 남은 햄릿은 복수를 다짐하면서 어머니를 증오하는 독백을 한다. 그리고 자신을 찾아온 호레이쇼 일행에게 비밀을 지킬 것을 맹세하게 하고 자신은 미친 척할 것이라고 밝힌다. 이 부분이 보통의 연극들과 다른 지점이다. 기회를 봐서 그냥 복수하면 될 텐데 햄릿은 그럴 수가 없다. 확실한 증거가 나올 때까지 기다린다. 하지만 이 미칠 것 같은 심정을 감당할 수 없어 그냥 미친놈 흉내를 낸다. 그렇게라도 하지 않으면 이 운명의 채찍질을 감당하기가 어렵다. 그 발버둥에 오필리어가 걸린다. 햄릿은 사랑하는 오필리어에게마저 미친 짓을 해야 한다.

이렇게 간신히 고통을 억누르면서 지내는데 친구들인 로젠크란츠와 길덴스턴이 찾아온다. 햄릿은 그들이 자신을 배신했다는 걸 알아채고, "인간이란 자연의 걸작품 아닌가!What a piece of work is a man!"라는 대사를 하면서 이들을 천하의 쓰레기로 만든다. 가장 친한 친구들에게 배신당한 마음은 이루 말할 수가 없다. 이때 비텐베르크에서 배우들이 햄릿을 찾아온다. 햄릿은 그들에게 헤큐바 장면을 연기해달라고 부탁하고, 배우는 즉석에서 대사를 치면서 눈물을 보인다. 모두 퇴장한 뒤 홀로 남은 햄릿은 아버지의 복수를 하지 못하는 자신을 학대하는 두 번째 독백을 한다. 그러다가 연극을 이용해서 증거를 잡을 생각을 한다.

이어서 궁전으로 들어오면서 그 유명한 "사느냐, 죽느냐. 그것이 문제다"로 시작하는 독백을 하고 오필리어를 만난다. 하지만 오필리어가 자신을 감시하는 역할을 하는 것을 눈치챈 햄릿은 폭주한다. 아버지는 죽고, 어머니에게, 친구에게, 사랑하는 여인에게도 배신당하는 상황은 정말 사느냐 죽느냐 하는 마음을 불러일으킬 것이다. 이제 햄릿에게는 호레이쇼밖에 남지 않았다. 햄릿은 그에게 자신을 도와 왕이 어떻게 행동하는지 감시해달라고 부탁한다. 연극은 시작되고 햄릿은 증거를 잡는다. 이제 행동으로 옮기기만 하면 된다.

분노에 차 어머니에게 가던 햄릿은 혼자 기도하고 있던 클로디어스를 마주친다. 여기서 죽이면 모든 것이 끝난다. 하지만 기도하는 중에 죽이면 클로디어스의 참회가 받아들여져 그가 천국에 갈 것이라고 생각한다. 햄릿은 들었던 칼을 내려놓고, 그가 더러운 짓을 하는 순간 죽이겠다는 다짐을 하고 어머니의 침실로 간다. 여기서 햄릿은 또다시 운명에게 사기를 당한다. 계속 운명의 거미줄에 걸려서 헤어나오지 못한다. 어머니와 언성을 높이며 싸우던 중, 뒤에 숨어 있던 폴로니어스를 클로디어스라고 착각해 죽인다. 좀 전에 설명했던 그 더러운 순간이라고 생각한 것이다. 또다시 운명이 실을 배배 꼰다. 햄릿이 독설로 어머니의 가슴을 후벼 파고 있는데 유령이 나타나 제지한다. 유령과 대화하는 햄릿을 본 거트루드는 아들이 진짜 미쳤다고 생각한다. 내 생각에는 이때 햄릿이 진짜로 제정신이 아닐 것 같다. 살인을 한 다음에 어머니에게 갖은 욕설을 다 퍼부은 뒤다.

클로디어스는 햄릿을 서둘러 영국으로 보내기로 결정하고, 자신의 운명을 모른 채 영국행 배를 타러 가던 햄릿은 폴란드를 치러 가는 포틴브라스의 군대를 만난다. 그리고 작은 땅덩이 하나를 위해 목숨을 바치려는 군인들의 모습과 아직도 복수를 못하는 자신의 처지를 한탄하면서 기나긴 독백을 한다.

배를 습격한 해적들 덕분에 클로디어스가 영국 왕에게 보내는 편지를 읽게 된 햄릿은 내용을 바꿔치기하면서 로젠크란츠와 길덴스턴을 죽음으로 몰아넣고 다시 덴마크로 돌아온다. 오는 길에 호레이쇼와 합류해서 이제야말로 복수하리라 굳게 다짐한다. 그는 이제 운명의 그물에서 벗어나는 줄 알았을 것이다. 하지만 돌아오는 길에 오필리어의 무덤을 파고 있던 사람들을 만나고, 선왕의 어릿광대였던 요릭의 해골을 보며 인생무상을 깨닫는다. 이어 오필리어의 장례식을 보고 햄릿은 다시 한 번 미치고 팔짝 뛴다. 무덤에 뛰어들어 레어티즈와 격투를 벌이고 일행은 그를 뜯어말린다.

궁전으로 돌아온 햄릿은 레어티즈와의 결투를 앞두고 자신이 운명의 그물에서 벗어날 수 없음을 깨닫는다. 그리고 "참새가 떨어지는 데에는 신의 섭리가 있다there's a special Providence in the fall of a sparrow"라고 말한다. 그는 자신의 죽음을 예감한다. 이어지는 결투 장면에서 햄릿, 그리고 햄릿과 연관된 모든 이들이 죽음을 맞이한다. 죽음만이 운명에서 벗어나는 길이라는 진리를 햄릿은 마지막 장에서 알게 되는 것이다.

햄릿을 연기한 배우들

2016년.. 유인촌

2022년.. 강필석

2024년.. 강필석, 이승주

햄릿은 비텐베르크에서 돌아왔다고 하지만 언제 돌아왔
는지, 또 그곳에 간 게 언제인지는 알 수 없다. 셰익스피
어는 느닷없이 비텐베르크를 들고 나온다. 루터와 개신교
를 끌어넣기 위한 장치이다. 당시 비텐베르크는 개신교도
에게 마치 이슬람의 메카와 같은 곳이다. 칠십 년에 걸친
개신교와 가톨릭의 치열한 종교 갈등을 겪은 후 이제 개
신교가 자리 잡아가는 영국인들에게 비텐베르크는 이름
만 들어도 설레는 곳이다. 이 도시에서 유학하고 있다는
것만으로 햄릿의 이미지는 한층 세련되고 학구적이 된다.
전 유럽을 뒤흔든 종교개혁의 성지에서 루터의 학문을 연
구하던 왕자는 아버지가 죽었다는 소식을 듣고 황급히 덴
마크로 귀국한다.

햄릿은 적은 나이가 아니다. 텍스트에 근거해서 계산해 보면 서른 살이다. 덴마크는 주변국인 노르웨이와 폴란드와 크고 작은 전투를 치러왔다. 햄릿 선왕은 이런 전쟁의 소용돌이 속에서 햄릿을 비텐베르크로 보냈다. 아들이 전쟁터에서 한참 활약할 나이인 만큼 전투에 데리고 다니면서 실전 기술을 전수하는 것이 상식적이다. 예를 들어 햄릿과 같은 또래인 포틴브라스는 아버지의 복수를 하겠다며 지금 덴마크로 쳐들어오려고 한다. 나라가 이렇게 위급한데 햄릿은 전투에 참여해서 나라를 구해낼 생각이 눈곱만큼도 없어 보인다. 그저 지금 왕실에서 일어나고 있는 상황이 역겨워 빨리 비텐베르크로 돌아가고 싶어 할 뿐이다.

이런 걸 종합해보면 햄릿 선왕이나 거트루드는 햄릿이 전투보다는 학문에 더 어울리는 성격이란 것을 잘 알았을 것이다. 왕의 대관식에 참석한 후 프랑스로 돌아가는 폴로니어스의 아들 레어티즈는 학문보다는 검술 같은 전투 기술 연마에 중점을 두는 인물이다. 프랑스가 지금은 예술의 중심지로 인식되고 있지만 당시에는 검술의 종주국 같은 곳이다. 상황이 이러니 유령도 공부에만 관심 있는 햄릿에게 복수를 몇 번씩 당부하는 것이다. 클로디어스가 레어티즈는 멀리 보내고 햄릿을 엘시노어 궁에 머물게 하는 데에는 이런 이유가 있을 것이다. 물리적으로 큰 위협이 되지 않을 거라 생각하기 때문이다.

이렇게 학문에 뜻을 둔 햄릿은 생각이 많다. 비텐베르크로 돌아갈 마음을 먹었으면 바로 돌아가야 하는데, 클로디어스와 거트루드가 가지 말라고 만류하자 남기로 한다. 효자라서 그런 것일까? 아니다. 남아서 이 광경을 지켜보는 것은 자살을 생각할 만큼 괴로운 일이다. 그런데 왜 햄릿은 남기로 결정했을까? 아버지의 죽음을 의심해서 뭔가 캐보려고? 그러면 이 연극은 일종의 복수극이 되어버린다. 연극이 그렇게 간단하게 흘러갈 리 없다. 난 햄릿이 마음을 돌린 게 오필리어 때문이라고 생각한다. 괴로운 생활이지만 사랑하는 오필리어가 옆에서 위안이 되어주었다. 햄릿은 비텐베르크에 있을 때도 오필리어에게 자주 편지했을 것이다. 지금 돌아가봐야 공부가 손에 잡힐 리도 없고, 그동안 보고 싶었던 오필리어와 있다보면 마음도 진정될 것이고 위안을 받을 수도 있을 것이다.

이렇게 설정하면 1막 3장에서 레어티즈가 오필리어에게 경고하는 것도 아귀가 맞아떨어진다. 원전에는 없지만 우리 연극에서는 대관식 장면에 오필리어도 등장한다. 이때 햄릿이 오필리어를 힐끗 바라보고 마음을 결정하는 것도 생각해볼 수 있다. 그리고 레어티즈와 폴로니어스도 이를 눈치챘다고 설정하면 1막 3장이 전부 연결된다. 그러면 햄릿만 바라보던 오필리어도 오빠와 아버지가 자신과 햄릿을 쳐다보는 것을 인지하고 나중에 둘러댈 거리를 생각할 수도 있다. 찰나의 순간이지만 햄릿이 덴마크에 남으라는 어머니의 부탁을 받아들이는 것이 아니라는 것을 확실히 보여주면 좀 더 완성도 있는 연극이 될 것 같다. 오필리어에 대한 애틋한 사랑이 아니라면 대화 내내 빈정거리는 햄릿이 그렇게 쉽게 마음을 바꿀 리 없다. 오필리어는 햄릿에게 한줄기 희망이다. 이 정도 되어야 나중에 오필리어에게 당한 배신에 햄릿이 절망하면서 분노가 폭발할 수 있다.

무대를 기다리며

2024년 공연에 새로 합류한 배우들이 너무 많아 처음에는 연습이 혼돈 그 자체였다. 게다가 연습 스케줄도 전부 제각각이라 뭔가 새로운 방법을 찾고 싶었다. 특히 햄릿 역의 이승주 배우가 연습할 분량이 너무 많아 전과 달리 이번에는 햄릿의 노트를 먼저 건네야 할 것 같아 첫 장면부터 검토하다 이런 생각을 했다. 원서 강독을 제안해보자. 이 노트를 건네면서 이승주 배우에게 슬며시 의견을 물으니 흔쾌히 받아들인다. 다음 날부터 연습이 끝난 후 둘이 남아 햄릿이 등장하는 부분만 원서 강독을 했다. 하지만 햄릿의 에너지 소비가 너무나 심해 며칠 이어지지 못했다. 1막까지만 간신히 끝냈는데 이 정도만 해도 다행이라는 생각이 들었다. 원서 강독을 중단한 또 다른 이유는 이승주 배우가 생각보다 빨리 궤도에 들어왔기 때문이다. 주말이 지나고 연습실에 왔는데 이틀 만에 이미 햄릿의 모든 대사를 완벽하게 외웠다. 내 옆자리에 앉아 있던 손숙 배우의 말이 걸작이다. "쟤 대단하다. 아주 칼을 갈았구나!"

그 말을 듣고 햄릿이 칼을 품고 있을 수도 있다는 생각이 들어 클로디어스 역의 길용우 배우와 거트루드 역의 길해연 배우에게 슬쩍 제안해본다. "햄릿이 칼을 가지고 있다고 생각해보시면 어떨까요? 아니면 햄릿 자체가 칼이라고 생각하시는 건요?"

이러면 함부로 햄릿에게 다가가기가 어렵다. 그리고 연기의 레이어가 한결 두텁고 복잡해진다. 주춤거리는 클로디어스를 보니 옆에서 보는 재미와 긴장감도 배가된다. 이런 게 연습실에서만 누릴 수 있는 특권인 것 같다.

햄릿의 첫 번째 독백에서 보이지 않는 부분들에 관하여

hamlet
school

더럽고, 더럽고, 더럽구나,

육신이여,

차라리 녹아내려 이슬이 되어라!

O, that this too too **sallied** flesh would melt, thaw and
resolve itself into a dew, or that the Everlasting had not
fixed his canon 'gainst self-slaughter.

1막 2장에 나오는 이 부분에서 햄릿은 죽거나 사라지고
싶어 한다. 우리 대본에는 빠져 있지만 원전에서 햄릿은
만일 자살을 법이나 종교적으로 금하지 않았다면 죽고 싶
다고 외친다. 여기서 문제가 되는 부분이 있다. 원문을 분
석해보자.

*sallied*라는 단어가 문제다. 공격당하거나 포위되었다는 뜻으로, 요즘 영어로 하면 *assailed* 또는 *besieged*라고 생각하면 된다. 그대로 해석하면 '포위되어 오갈 데 없는 육신이여 녹아내려 이슬이 되어라'라는 뜻이다. 한데 왜 우리 대본은 "더럽고, 더럽고, 더럽구나 육신이여"라고 받았을까? 셰익스피어 시대 이후의 편집자들이 *sallied*를 임의로 *sullied*로 바꾸었기 때문이다. 셰익스피어 Q1과 Q2 판본✦에는 *sallied*로 되어 있다. 그러나 셰익스피어는 1623년에 정리된 장정본인 F1에서 '단단한solid'으로 수정한다. 더럽다는 것과는 무관하다. 햄릿은 비텐베르크로 돌아가고 싶은데 여기 남아 이런 상황들을 보아야 하는 자신의 상황을 이야기하는 것이다. 어머니의 부정을 염두에 두고 미리 여기서 더럽다는 의미의 *sullied*로 받아버리면 안 된다. 이 부분은 자신의 육체를 이야기하는 것이기 때문이다. 죽고 싶다는 말이다. 다음 구절을 보면 더욱 명확하다. '차라리 영원불멸의 신이 자살을 금하지 않았다면or that the Everlasting had not fixed his canon 'gainst self-slaughter'이라고 덧붙인다. 금지하지 않았다면 자살

✦ Q1은 1603년에 출판된 첫 사절판을, Q2는 1604~1605년에 출판된 제2사절판을 의미한다.

할 거라는 말이다.

여기서 햄릿 역의 배우는 고민이 많아질 것이다. 무지한 편집자들의 의도대로 부정한 육체에 포커스를 맞출 것인가, 아니면 셰익스피어의 요구대로 죽고 싶은 마음을 표현할 것인가? 난 두 가지 다 가능하다고 본다. "더럽고, 더럽고, 더럽구나"는 세상을 향해 내뱉고 다음 두 구절을 햄릿 자신이 받으면 되지 않을까? 물론 이건 내 생각일 뿐이고 선택은 배우의 몫이다.

천하고, 천하고, 천하구나,
삶이여, 세상이여, 역겨워라.

햄릿은 세상을 아무 짝에도 쓸모 없는 곳이라고 힘주어 정의한다. 그리고 더더욱 죽고 싶은 자신의 심경을 토로한다. 이 부분은 원문의 의미와 큰 차이가 없지만 분위기를 느끼기 위해 인용해보겠다.

오, 맙소사, 맙소사. 나에겐 세상이 무기력하고, 건조하고, 무의미하고 아무짝에도 쓸모없는 것으로 보인다!
O God, God, how weary, stale, flat and unprofitable seem to me all the uses of this world!

아름다운 꽃들은 꺾이어 시들고

잡초와 독초만이 뒤엉켜

우거진 뜰, 버려진 뜰이로다.

Fie on't! ah, fie! 'tis an unweeded garden that grows to

seed; things rank and gross in nature possess it merely.

    햄릿은 세상을 버려진 뜰로 묘사하고 있는데, 이것은
세상이 부패하고 썩었다는 의미로, 성경에 나오는 에덴동
산에 비유한 것이다.

    햄릿은 '더럽고, 더럽다!Fie on't! ah, fie!'며 세상에 침
을 뱉고 경멸한다. 어머니에게 슬슬 화살을 돌리기 시작
한다. 세상이 씨만 뿌려져도 자라나는 잡초만 크는 정원
이라면서 *seed*라는 단어로 섹스에 대한 뉘앙스를 풍긴
다. 그리고 '본질적으로 더럽고 느끼한 것들이things rank
and gross in nature' '잡초만 우글거리는 정원unweeded
garden that gross to seed을 소유한다possess it merely'며
한 번 더 침을 뱉는다.

아버님은 저 여자를 얼마나 고이셨던가?

저 여자는 또 아버님께 얼마나 매달렸던가?

가신 지 한 달도 못 되어—아, 생각을 말자—

햄릿은 이 대사를 하기 전에 아버지와 삼촌을 비교하는데, 그 부분 역시 우리 대본에는 없다. 티탄의 신 히페리온(태양의 신 헬리오스의 아버지, 가장 위대한 신들 중 하나)을 아버지에, 삼촌은 반인반수인 사티로스에 비유한다. 참고로 신화 속에서 사티로스는 주로 발기된 성기를 드러낸 채 님프나 여인들을 겁탈하는 존재로 묘사된다. 이어서 햄릿은 어머니의 변심한 사랑을 경멸한다. 원문을 보면 버려진 뜰이 누구를 의미하는지 자연스럽게 연결된다.

That it should come thus: but two months dead — nay not so much, not two — so excellent a king, that was to this Hyperion to a satyr, so loving to my mother that he might not beteem the winds of heaven visit her face too roughly. Heaven and earth, must I remember? Why, she should hang on him as if increase of **appetite** had grown by what it fed on. And yet within a month — let me not think on't!

햄릿은 계속해서 '원래 세상은 더러운 것이라 그렇게 되도록 되어 있다는 건That it should come thus' 안다고 말한다. 그리고 '죽은 지 두 달, 아니 두 달도 안 됐는데but

two months dead–nay not so much, not two' 어머니가 저
더러운 정원에서 뒹구는 것을 역겨워한다. 햄릿은 색욕을
의미하는 *appetite*라는 단어로 경멸감을 드러낸다.

약한 자여, 그대 이름은 여자!
겨우 한 달, 말 못하는 짐승이라도
그보다는 더 오래 슬퍼했으련만,
고작 한 달, 눈물이 채 마르기도 전에,
장례 행렬을 따라갈 때 신었던 신발이 닳기도 전에,
다른 사람도 아닌, 내 삼촌과,
아버지의 동생과 혼인을 하다니.
Frailty, thy name is woman — a little month, or ere those
shoes were old with which she follow'd my poor father's
body like **Niobe**, all tears — why she, even she — O
God! a beast that wants discourse of reason would have
mourn'd longer — married with my uncle, my father's
brother, but no more like my father than I to **Hercules**.

"약한 자여, 그대 이름은 여자!"라는 유명한 구절이 나
오는 이 부분에서 햄릿은 장례식에 신었던 신발이라는 표
현으로 어머니에 대한 경멸을 표시한다. 짐승보다 못한

여자의 정욕을 신랄하게 비난한다. 이는 이후에 오필리어에 대한 사랑에도 심각한 영향을 미친다. 원전에는 눈물의 상징인 니오베도 나오고, 헤라클레스도 나온다. 니오베는 어머니의 울음에 대한 위선으로, 헤라클레스는 자신과 삼촌을 동시에 비하하는 도구로 사용한다. 사람 이름을 제외하곤 우리 대본과 큰 차이가 없으니 원문에 대한 설명은 따로 하지 않겠다.

사악한 속도로다! 그토록 재빨리,
근친상간의 이불 속에 뛰어들다니!
터져라, 가슴아. 나는 입을 다물어야 하니.
Within a month, ere yet the salt of most unrighteous
tears had left the flushing in her galled eyes, she married.
O, most wicked speed, to post with such dexterity to
incestuous sheet! It is not, nor it cannot come to good;
but break, my heart, for I must hold my tongue.

햄릿이 근친상간이라며 비난하는 클로디어스와 거트루드의 결혼은 헨리 8세와 캐서린의 결혼과 비교된다. 헨리 8세는 자신의 형 아서의 부인인 캐서린과 결혼했다. 이것은 당시에 매우 악명 높은 결혼으로 알려져 있었다. 후에

이들의 딸인 메리 1세가 자행하는 개신교 학살의 원인이
되기도 한다. 메리 1세는 이 사건으로 "블러디 메리"라고
불린다. 엘리자베스 여왕 통치기는 시동생과 결혼하는 과
부를 강력하게 비난하던 시절이다. 셰익스피어는 작품 속
에서 거트루드를 비난함으로써 엘리자베스에게 점수도
딸 수 있다. 원문을 분석해보자.

어머니가 한 달도 안 되어서, 그 거짓 눈물의 소금기가
그녀의 충혈된 눈에서 없어지기도 전에 결혼했다Within
a month, ere yet the salt of most unrighteous tears had left
the flushing in her galled eyes, she married. 햄릿은 "고작
한 달, 눈물이 채 마르기도 전에"라고 말한 데에 이어 어
머니에 대한 비난을 이어나간다. 그리고 사악한 속도로
근친상간의 이불에 뛰어든 것에 경악을 금치 못한다. 벌
어지면 안 되는 일이고 벌어져서도 안 되는 일이지만It is
not, nor it cannot come to good, 아무 말도 할 수 없으니
for I must hold my tongue 속만 터진다. 결국 햄릿은 애꿎
은 자신의 심장만 자학한다.

"터져라, 가슴아break, my heart!"

무대를 기다리며

햄릿 역의 이승주 배우가 찾아와서 "아름다운 꽃들은 꺾이어 시들고 / 잡초와 독초만이 뒤엉켜 / 우거진 뜰, 버려진 뜰이로다" 부분이 잘 안 걸린다고 한다. 자신은 성경의 에덴동산 이미지와 연결하고 싶은데 "뜰"이라는 단어 때문에 힘들다고 한다.

그래서 나는 앞의 "우거진 뜰"은 그대로 받고 뒷부분을 "버려진 정원"으로 살짝 틀어보자고 제안한다. 어차피 긴 독백이라 연출도 눈치채지는 못할 거라며 살짝 반칙을 권하자, 그러면 되겠다고 수긍하고 돌아간다. 한데 배우들은 역시 반칙을 용납하지 않는다. 연습 때 유심히 들어보니 원래대로 "버려진 뜰"로 대사를 친다. 해결이 된 것 같아 묵묵히 넘어간다. 배우란 참 신기한 존재들이다.

hamlet
school

〈햄릿〉은 독백의 연극이라고 해도 과언이 아닐 만큼 독백
이 많다. 많기만 한 것이 아니라 그 길이가 어마어마하다.
최소 한 페이지가 기본이다. 특히 햄릿은 일곱 개의 기나
긴 독백을 처리해야 한다. 클로디어스와 싸우기도 벅찬
데 햄릿은 이 독백들과 피 말리는 전투를 해야 한다. 그중
에 가장 힘들고 에너지 소비가 많은 독백은 2막 2장에 나
오는 세 번째 독백이다. 햄릿이 극중극 배우들과 만난 후
자신과 배우들의 처지를 비교하면서 자책하다 연극을 이
용해서 유령의 말을 확인하려는 장면이다. 이 독백의 어
려운 점은 햄릿이 관객에게 정확히 전달해야 하는 부분이
열 개나 된다는 점이다. 한번 살펴보자.

1. 햄릿은 자신이 마침내 혼자가 되었다고 선언한다.

이제야 혼자로구나.

Now I am alone.

단순한 대사이지만 가장 임팩트가 큰 부분이다. 원문
도 단순하다. 다른 사람들이 있으면 미친 척하면서 수선
을 떨어야 했던 햄릿이 드디어 자신의 심정을 토로하겠
다는 선언과도 같다. 햄릿은 여기서 관객의 주목을 끌어
야 한다.

2. 자신을 비하한다.

아, 나는 얼마나 야비하고 돼먹지 못한 놈인가!

O, what a **rogue** and **peasant slave** am I!

*rogue*는 보통 악당을 가리키는데, 남을 속이면서 나쁜
짓을 하기 때문에 우리 대본에서는 "야비하고"라고 한 것
같다. 햄릿은 자신이 미친 척하면서 타인들을 속이는 상
황을 비하하는 것이다. 그리고 *peasant slave*는 직역하면
농노農奴이지만 여기서는 천하고 신분이 낮은 겁쟁이를

뜻한다. 용감하게 명예를 지키면서 복수하지 못하는 자신을 사회의 가장 천한 계급으로 낮추는 것이다. 그래서 우리 대본의 "돼먹지 못한 놈"에는 자신이 복수조차 못하는 겁쟁이라는 의미가 숨어 있다. 즉 아버지의 복수를 하는 것은 자식의 당연한 도리인데 그것을 못하니 "돼먹지 못한 놈"이 되는 것이다.

3. 아무런 개인적인 감정이 없는 배우가 열정을 끌어내는 것에 놀라워한다.

저 배우들을 봐. 그저 이야기만으로도, 꿈과 상상만으로도, 창백해진 얼굴로, 눈물을 글썽이며, 잠긴 목소리로, 고통에 찬 신음을 내뱉는다. 있지도 않은 것 때문에! 헤큐바 때문에! 헤큐바가 자기한테 뭐길래, 그녀 때문에 운단 말인가? Is it not monstrous that this player here, but in a fiction, in a dream of passion, could force his soul so to his own conceit that from her working all his visage wann'd, tears in his eyes, distraction in's aspect, a broken voice, and his whole function suiting with forms to his conceit? And all for nothing! For Hecuba! What's Hecuba to him, he to Hecuba, that he should weep for her?

우리 대본과 원문의 분위기와 의미는 거의 동일하다. 다만 우리 대본에는 극중극 배우가 절절하게 연기하는 것이 *monstrous*하다고 놀라는 부분이 빠져 있다. 직역하면 괴물 같다는 뜻이지만, 그 정도로 놀랍다는 뜻이다. 대사에 그 놀라움을 담아내면 해결될 문제로 보인다.

4. 실제 열정을 끌어내야 할 자신이 배우보다 못한 것에 자신을 비난한다.

그가 만일 나라면? 내 마음속에 이는 격정을 지녔다면? 그는 무대를 눈물로 채우고, 끔찍한 대사로 관객들의 귀를 찢어놓았겠지. 죄인은 미쳐버리고 결백한 사람도 섬뜩해지겠지. 그런데 나는, 무디고 멍청한 나는 멀거니 서서, 한마디도 못하는구나. 아버지는 끔찍하게 살해당했고 **악당**은 멀거니 눈을 뜨고 있는데. 쓸개 빠진 놈, **간이 콩알만 한 겁쟁이.** 누가 내 수염을 잡아뜯고, 내 코를 비틀고 새빨간 거짓말쟁이라 침을 뱉는다 해도 나는 할 말이 없다. 그런 꼴을 당해도 싸지. 일찌감치 뒈져서 독수리 밥이나 되었어야 했다!

What would he do, had he the motive and the cue for passion that I have? He would drown the stage with tears and cleave the general ear with horrid speech;

make mad the guilty and appal the free, confound the ignorant, and amaze indeed the very faculties of eyes and ears. Yet I, a dull and muddy-mettled rascal, peak like John-a-dreams, unpregnant of my cause, and can say nothing! No, not for a king, upon whose property and most dear life a damn'd defeat was made. Am I a coward? **Who calls me villain? Breaks my pate across?** Plucks off my beard and blows it in my face? Tweaks me by the nose? Gives me the lie i' the throat, as deep as to the lungs? Who does me this? Ha! Ha! 'Swonds, I should take it! for it cannot be but I am pigeon-liver'd and lack gall to make oppression bitter, or ere this I should have fatted all the region kites with this slave's offal.

우리 대본은 이 부분에서도 원전에 충실하되 약간의 다른 해석을 가미했다. 다만 빠진 부분과 추가된 부분이 있어서 혼동이 있을 수 있다. 깔끔하게 짚고 넘어가자. 우리 대본에는 "간이 콩알만 한 겁쟁이" 다음에 나오는 '누가 나를 악당이라 부르는가? 누가 내 머리통을 후려칠 텐가?Who calls me villain? Breaks my pate across?' 부분이 생략되어 있다. 뉘앙스에는 아무 문제가 없다. 하지만 *villain*이라는 말이 걸린다. 햄릿은 누가 자신을 악당이라고 해도 받아들이겠다는 이야기다. 나중에 이 단어는 햄릿의 머리에 다른 악당을 떠올리게 하는 기폭제가 된다. 하지만 우리 대본에서는 빠졌다. 대신 "악당은 멀거니 눈을 뜨고 있는데"라는 대사가 추가되었다. 기폭제 역할을 하는 게 아니라 바로 악당을 불러온다. 배우가 여기서 폭발할지, 아니면 원전대로 나중에 폭발을 불러올 기폭제로 사용할지 결정해야 한다.

5. 클로디어스를 저주하며 욕을 한다.

클로디어스, 이 반역자! 음탕한 색마! 더러운 배신자! 잔혹한 살인자!
Bloody, bawdy **villain!** Remorseless, treacherous, lecherous, kindless **villain!** O, **vengeance!**

인간성의 맨 밑바닥까지 추락한 햄릿은 상황을 이렇게 만든 진짜 악당을 떠올린다. 원문에는 클로디어스라고 지칭되어 있지 않으며, 햄릿은 *villain*을 두 번이나 반복하며 복수를 다짐한다.

6. 자신이 겁쟁이임을 비난하면서 다시 한 번 스스로를 비하한다. 그리고 관객에게 자신이 겁쟁이인지 묻는다. (객석에서 관객이 "그래 넌 겁쟁이다!"라고 고함을 치도록 이끌어내는 배우도 있다.)

아, 장하다. 참으로 못났구나. 아들이란 놈이 잡놈처럼, 창녀처럼 주둥이로만 복수를 하다니, 역겹구나, 퉤.
Why, what an ass am I! This is most brave that, the son of a dear father murder'd, prompted to my revenge by heaven and hell, must, like a **whore**, unpack my heart with words and fall a-cursing like a very **drab**, a **scullion!** Fie upon't! Foh!

지금이라면 문제가 될 수 있는 여성 비하 표현들이 나온다. 당시는 마초의 시대라고 생각하고 넘어가자. 자신이 여인들처럼 겁쟁이라고 자책하는 차원에서 나온 단어들이다. *Whore*와 *drab*은 창녀, *scullion*은 식모를 뜻한다.

7. 본인이 해결책을 찾으려 한다.

그래, 그런 말을 들은 적이 있다.

About, my brain!

원문은 '머리를 좀 쓰자!' 정도로 해석하면 되겠다. 우리 대본은 이 부분을 생략하고 뒤 구절의 도입부로 바로 넘어간다. 하지만 배우가 이런 느낌을 살리면 될 것이다.

8. 진실을 끌어내기 위한 덫으로 연극을 이용하기로 결심한다.

죄 지은 인간들이 연극을 보다가 그 절묘한 장면에 넋을 잃고 오래전 저지른 살인죄를 실토했다지.

Hum, I have heard that guilty creatures, sitting at a play, have by the very cunning of the scene been struck so to the soul that presently they have proclaim'd their malefactions; for murder, though it have no tongue, will speak with most miraculous organ, I'll have these players play something like the murder of my father before mine uncle. I'll observe his looks; I'll tent him to the quick. If he but blench, I know my course.

우리 대본은 삼촌 앞에서 자신의 아버지의 죽음과 비슷

한 내용의 연극을 배우들이 공연하게 하고 자신은 그 표정을 잘 살피고 관찰하겠다는 내용을 생략했다. 그 내용이 나중에 호레이쇼와의 대화에서 나오기 때문일 것이다.

9. 어쩌면 유령이 악마일지도 모른다는 것을 깨닫는다.

어쩌면 그 혼령은 악마인지도 모른다. 내가 약해진 틈을 타, 나를 파멸시키러 나타난 것인지도 몰라.
The spirit that I have seen may be a devil; and the devil hath power t'assume a pleasing shape; yea, and perhaps out of my weakness and my melancholy, as he is very potent with such spirits, abuses me to **damn** me.

원전에는 지옥과 연옥의 개념이 매우 확실하게 드러난다. 햄릿은 유령이 아버지의 모습을 하고 나타난 악마로 자신을 파멸시켜 지옥에 떨어트리려고 했다고 여긴다. 아직도 햄릿은 연옥을 믿지 않는다. 우리 대본에는 *damn*이라는 말이 없기 때문에 악마라는 개념을 매우 확실하게 짚어줘야 한다. 그래야 다음에 호레이쇼와의 대화에서 나오는 "그 유령이, 심약한 내 영혼이 빚어낸 헛것이기를!" 부분이 관객에게 전달된다.

10. 진실을 찾겠다고 다시 한 번 최종적으로 결심한다.

좀 더 확실한 증거가 필요해. 그래, 연극이다. 연극을 하는
거다. 연극으로, 그자의 양심을 틀어쥐는 거다.
I'll have grounds more relative than this. **The play's the
thing** wherein I'll catch the conscience of the **King**.

원전에는 연극이라는 단어 *play*가 한 번만 나온다. 그
리고 '왕의 양심the conscience of the King'이란 표현을 쓰
는데, 이건 유령이 악마이길 희망하는 데서 기인한다. 여
기에 비하면 우리 대본은 연극을 강조하면서 유령의 말
이 사실이기를 바라는 느낌을 강하게 준다. 미묘한 차이
가 있다. 햄릿 역의 배우가 영리하게 잘 풀기를 바란다.
이런 설명과 원문 풀이는 배우에게 조금이나마 도움이
되었으면 하는 바람에서 작성한 것이지, 꼭 이렇게 하라
는 것은 아니다. 자신이 찾은 돌파구나 해결책이 있다면
그 방향을 선택하는 것이 최선이다.

무대를 기다리며

이 장에서 다룬 독백은 배우보다 손진책 연출이 가장 좋아하는 부분이다. 그러다보니 배우들에게 주문도 많다. 아마도 '연극 자체가 문제를 풀어가는 본질'이라는 대사가 있어서 그런 건지도 모르겠다.

The play's the thing! 연출뿐만 아니라 나도 이 부분을 제일 좋아한다. 간단하면서도 파괴력이 있는 대사다. 자신을 책망해야 하는 이 부분 때문에 극중극 배우들이 곤욕을 치룬다. 햄릿이 자신이 겁쟁이이고 못난 놈이라는 생각을 하도록 앞에서 헤큐바 대사를 치는 배우가 명연기를 펼쳐야 하는데 그게 쉬운 일이 아니다. 햄릿이 아무리 잘해도 극중극 배우가 명연기를 펼치지 못하면 여기서 소비되는 햄릿 역 배우의 에너지는 그냥 버려진다. 영국에서도 대부분 이 역에는 가장 노련하고 경험 많은 배우가 캐스팅된다. 그래서 우리도 2022년 공연부터는 박정자 배우가 이끄는 유랑극단이 이 역할을 맡고 있다.

한데 아무리 잘해도 연출은 매번 불만이다. 그러니 배우들도 불만이다. 극과 매우 비슷한 상황이 실제로 벌어

진다. 대배우가 후배들 앞에서 연출한테 혼나는 모습을
보는 것이 안쓰럽다. 하지만 어쩌겠는가, 연극이란 괴물
이 그러한 것을.

인간이란 자연의 걸작품 아닌가!

고귀한 이성, 무한한 능력, 우아한 생김새와 몸놀림!

천사처럼 선하고, 신처럼 현명하며,

그지없이 아름다운 만물의 영장! **허나, 나에겐?**

흙먼지로밖에 안 보여. 난 인간이 시시하고 시들해—

이것은 "아, 둘도 없는 내 친구들, 어떻게 지내나!"라는 반가움이 가득한 대사에서 진행되어 이른 장면이다. 우리 대본에서는 로젠크란츠와 길덴스턴의 대사가 상당 부분 빠지면서 이 부분도 많이 생략되었지만 원래는 매우 드라마틱한 장면이다. 게다가 이 부분은 안티테제antithese, 反의 표본과도 같은 장면이다. 엘리자베스 여왕 통치기의 영국에서 그리스 변증법辨證法, dialectic은 아이들이 학교에서 배우던 필수과목이다. 지금의 우리는 변증법 하면 헤겔을 떠올리면서 매우 어려운 철학용어로만 인식하지만, 당시는 교육받은 사람이라면 이런 개념이 매우 익숙한 것이라 셰익스피어의 연극에 이 안티테제가 매우 빈번하게 나타난다.

따라서 당시 배우들은 이 안티테제를 마스터해야 했다. 주요 키포인트는 텍스트에서 테제these, 正와 상반되는 상황을 찾아내고, 각 상황이 어떻게 기능할 것안가를 결정하는 것이다. 이러한 안티테제에는 두 가지 경우가 있다. 하나는 "사느냐, 죽느냐…"에서처럼 두 가지 선택을 저울질하는 것이다. 다른 하나는 셋업set-up과 펀치라인punch-line으로 반전 효과를 노리는 것인데, 이 대사의 경우가 여기에 해당한다. 테제인 셋업은 "인간이란 자연의 걸작품 아닌가!"이고, 안티테제인 펀치라인은 "허나, 나에겐? 흙먼지로밖에 안 보여. 난 인간이 시시하고 시들해"이다.

가끔 배우들은 셋업에서 이미 펀치라인을 예상하는 바람에 실수를 저지른다. 이 대사의 포인트는 인간은 형편없는 쓰레기라는 것이다. 이따금 배우들은 좌절하거나 시니컬한 방식으로 이 포인트를 셋업에서부터 끌어올린다. 하지만 이건 큰 실수다. 햄릿은 이 아이디어를 시장에 내놓고 팔려고 하는 것이다. 인간은 매우 고귀하고 훌륭한 존재라는 것을 완전히 인정한다. 이렇게 로젠크란츠와 길덴스턴을 마치 찬양하는 듯한 잘못된 방향으로 인도한다. 그리고 갑자기 절벽 밑으로 밀어 떨어트리는 것처럼 안티테제를 구성해야 한다. 이런 드라마틱한 순간은 피봇pivot이라는 터닝포인트에 달려 있다. 여기선 "허나, 나에겐?"이 피봇으로 작용한다. 〈햄릿〉은 매우 긴 독백들로 가득한 연극이다. 게다가 원래대로 공연하면 기본적으로 네 시간을 훌쩍 넘기는 작품이다. 연극이 지루하지 않은 것은 이 길디 긴 독백들이 각각 드라마적 구성요소로 꽉 차 있기 때문이다.

〈햄릿〉에 관해 일반적으로 하는 이야기가 있다. 햄릿의 독백 가운데 대여섯 개만 훌륭하면 관객은 대만족하고 돌아간다는 것이다. 이 지루할 수 있는 긴 독백을 풀어가는 열쇠는 바로 이 안티테제와 피봇을 어떻게 사용하느냐에 달려 있다. 관객과 탱고를 춘다고 생각하면 된다. 매우 단순한 구성의 탱고이지만 상대방은 이런 피봇을 타고 돌면서 엑스터시를 느낀다. 햄릿도 이런 피봇으로 관객에게 엑스터시를 선물한다.

전체 분위기를 살펴보려면 생략된 원전의 대사를 알아야 도움이 될 것 같다. 귀찮겠지만, 축약된 우리 대본을 이해하기 위해서라도 한번 살펴보자.

I have of late — but wherefore I know not — lost all my mirth, forgone all custom of exercises; and indeed, it goes so heavily with my disposition that this goodly frame, the earth, seems to me a sterile promontory; this most excellent canopy, the air, look you, this brave o'erhanging firmament, this majestical roof fretted with golden fire, why, it appear no other thing to me than a foul and pestilent congregation of vapours.

첫 번째 문장이 매우 길다. 햄릿은 최근 왜 자신이 따분하고 울적하고 아무것도 하고 싶지 않은지I have of late — but wherefore I know not — lost all my mirth, forgone all custom of exercises 밝힌다. 그리고 이런 자신의 상태를 부가적이고 시스템적으로 설명한다. 먼저 이렇게 아름다운 지구this goodly frame, the earth가 자신에게는 거세된 성기a sterile promontory로 보인다고 한다. *promontory*는 바다나 강에서 튀어나온 곳을 의미하는데, 성기라는 뜻도 가지고 있어 이렇게 중의적으로 사용된 것이다.

땅에 이어 이번에는 하늘로 간다. 가장 훌륭한 천막인 이 공기를 보라this most excellent canopy, the air, look you, 이리도 용감하게 매달려 있는 천구天球this brave o'erhanging firmament, 금빛 불꽃이 장식되어 있는 이 위엄 서린 지붕이this majestical roof fretted with golden fire, 왜 나에겐 더럽고 병균이 우글거리는 수증기 덩어리로밖에 보이지 않는가why, it appear no other thing to me than a foul and pestilent congregation of vapours. 금빛 불꽃은 태양을 말하는 것이라 우리 대본에서는 "찬란한 태양"이라고 표현했다.

이렇게 햄릿은 인간에 대해 이야기하기 전에 땅과 하늘을 극찬하다 극도로 비하한다. 다음 구절에서는 인간을 찬양하다 흙먼지의 엑기스로 비하한다. 이 모든 것이 인간에 대한 절망에서 기인한 것이다. 그리고 때맞춰 나타난 로젠크란츠와 길덴스턴이 영문도 모르고 이 불만의 포화를 고스란히 받는 것이다. 우리 대본도 여기에 초점을 맞춰 번역했다.

What a piece of work is a man! how noble in reason! how infinite in faculty! in form and moving how express and admirable! in action how like an angel! in apprehension how like a god! the beauty of the world, the paragon of animals! And yet to me what is this quintessence of dust?

인간 예찬 역시 단계적으로 차근차근 진행된다. 인간은 얼마나 아름다운 작품인가What a piece of work is a man! 이성은 얼마나 고귀하고how noble in reason! 능력은 얼마나 무한하며how infinite in faculty! 형태와 움직임은 얼마나 빼어나며 고귀한가in form and moving how express and admirable! 행동은 천사와 같고in action how like an angel!, 생각은 신과 같다in apprehension how like a god! 세상의 아름다움이며, 만물의 영장the beauty of the world, the paragon of animals! 이렇게 땅과 하늘과는 비교가 안 될 만큼 인간을 높이 올려놓는다. 그리고 나서는 곧바로 땅에 패대기쳐버린다. 하지만 나에게 이 먼지의 엑기스가 무슨 의미가 있는가?And yet to me what is this quintessence of dust?

우리 대본은 이런 뉘앙스를 살렸다. 햄릿이 탱고를 춘다고 한 것도 원전의 이런 의미에 근거한 것이다. 이 모든 것은 로젠크란츠와 길덴스턴을 가지고 놀면서도 자신의 슬픔과 실망을 표현하려는 햄릿의 의지로 보면 되겠다.

무대를 기다리며

연습 기간 중 나의 일상은 이렇다. 오전에 노트를 작성해서 조연출에게 발송한다. 연습실에 도착하면 이미 노트가 인쇄되어 모든 배우들의 책상에 가지런히 놓여 있다. 하지만 모든 배우가 바로 노트를 읽지는 못한다. 연습 시간에 빠듯하게 도착하면 노트를 읽을 시간이 없다. 바로 몸 풀고 연습에 들어가느라 정신이 없다. 쉬는 시간에 틈을 내 읽기도 한다. 1대 햄릿을 했던 유인촌 배우가 내게 다가와서 칭찬을 해준다. "철호 씨, 탱고를 추는 햄릿 좋았어!"

아마도 본인의 테크닉과 비슷한 부분이 있는지도 모르겠다. 한국 연극에서 손꼽히는 테크니션 배우에게 이런 칭찬을 들으니 기분이 좋아진다. 한데 기시감이 느껴진다. 옛날 노트를 뒤져보니 2016년에도 똑같은 칭찬을 받았다. 당시에는 원문 분석 없이 안티테제에 대한 이야기만 했다. 그래도 좋은 건 좋은 건가보다.

햄릿의 첫 번째 독백 "약한 자여, 그대 이름은 여자"에서
알 수 있듯, 어머니에 대한 실망으로 인해 여인에 대한 감
정이 좋지 않은데도 불구하고 햄릿은 오필리어를 사랑한
다. 그리고 그 사랑 때문에 비텐베르크로 돌아가지 않았
을 수도 있다.

유령을 만나고 일정 시간이 흐른 후, 아마도 햄릿은 악몽
을 꾸었을 것이다. 그리고 악몽에서 깨어난 후 도움을 요
청하러 오필리어에게 달려간다. 오필리어가 묘사하는 옷
차림을 보면 그가 잠자리에서 뛰쳐나온 것으로 추정된다.

옷섶을 다 풀어헤치고
구두끈은 다 풀어진 채로,

넋이 나간 듯, 창백한 얼굴로

막 지옥에서 풀려난 사람처럼

제 앞에 나타났어요.

햄릿은 오필리어에게 무슨 도움을 기대했던 것일까? 위로받고 싶었을 것이다. 가장 힘들 때 누군가가 나를 안아주기만 해도 힘이 된다. 나는 서양에서 오래 살아서 친구나 가족을 만나거나 헤어질 때 포옹하는 습관이 있다. 포옹을 하고 헤어지면 삶의 영역을 공유하는 느낌을 받는다. 젊은 시절에 가장 친했던 친구가 내 아파트에서 자살한 일이 있었다. 장례를 치른 뒤 친구의 유골을 산에 뿌렸다. 이후 찾아온 허무함과 충격에 몇 달을 괴로워했다. 그때 가장 위로가 되었던 것은 여자친구의 품이었다. 어린 시절에 일찍 어머니와 헤어진 내가 당시 아는 여인은 그녀가 유일했다. 햄릿도 비슷한 심정일 것이다. 어머니에게 위로를 받아야 하는데 그녀는 이미 내 편이 아니다. 원수의 품에서 매일 노닥거리고 있다. 이를 생각하니 더더욱 괴로워진다. 이 괴로움을 달래줄 유일한 여자는 오필리어뿐이다. 그래서 햄릿은 그녀에게 달려간다. 하지만 불행하게도 그녀는 햄릿을 도울 수 없다. 아버지에게 햄릿과 접촉하지 말라는 명령을 받은 상태이다. 결국 햄릿은 아무런 도움도 받지 못한 채 포옹만 한 번 하고 떠난다. 햄릿은 왜 포옹만 하고 고민하다 떠난 것일까? 그녀와 자고 싶어 찾아왔지만 아버지와 어머니의 잔상이 머릿속에 가득 차 있어서 그랬을 수도 있다. 이런 사실을 알리 없는 오필리어는 자신을 포옹하고 있는 햄릿을 살짝 떠밀었을 수 있다. 아버지의 경고가 떠올라서 그랬을 것이다. 집에는 CCTV 못지 않은 감시의 눈길들이 있다. 지가 로미오도 아니고, 설마 집까지 찾아오리라고는 생각하지 못했는데 갑작스러운 그의 등장에 당황했을 것이다. 어쩔 수 없이 밀어내기는 했지만 다시 달려가서 꼭 껴안아주고 싶은 마음이 굴뚝같았을 것이다. 이런 안타까운 심정으로 오필리어는 아버지에게 달려가서 하소연하는 것이다. 다시 햄릿을 만나게 해달라고.

제 손목을 잡으시더니, 절 꼬옥 껴안았어요.

이만큼 떨어져서는

한 손을 이렇게 이마 위에 얹고

제 얼굴을 뚫어져라 보는 거예요.

꼭 마음속에 새겨넣기라도 할 것처럼.

한참 동안이나.

그러다가 제 팔을 살짝 흔들더니,

고개를 크게 세 번 끄덕이고는,

마지막 숨을 토해내는 사람처럼,

깊은 한숨을 내쉬는데,

얼마나 불쌍하던지, 그 눈빛으로

문을 나설 때까지 나를 바라봤어요.

이후 햄릿은 폴로니어스가 그녀를 섹스트랩으로 이용하고 있다는 사실을 알게 된다. 유령을 만난 후 햄릿은 궁전의 모든 일에 민감한 상태다. 모든 이들이 햄릿을 감시하듯 햄릿도 사람들을 감시한다. 우리 대본에는 나오지 않지만 아직 햄릿에게는 마르셀러스나 버나도같이 같은 편이 되어줄 사람들이 궁전에 남아 있을 가능성이 있다. 어쨌든 햄릿은 폴로니어스에게 분노해 매우 잔인하고 포악한 태도를 취한다. 햄릿은 그를 생선장수fishmonger라고 부르는데 이 단어에는 뚜쟁이라는 중의적 의미가 있다. 육체를 뜻하는 *flesh*와 *fish*의 발음이 비슷한 것에 기인한 것이다. 하지만 이것만으로는 그가 오필리어에게 "수녀원으로나 가!To a nunnery, go!" 하고 말하는 장면에서 취하는 거친 태도가 설명되지 않는다. 참고로 수녀원인 *nunnery*도 중의적으로 사용되었는데, 당시 속어로 창녀촌을 뜻하기도 했다.

우리 연극에서는 후반부에 배치되어 있지만 원전에서는 "사느냐 죽느냐" 대사 후에 햄릿이 오필리어를 만난다. 유령을 만난 후 매우 혼란스러워진 햄릿이 죽음에 대한 고민을 하고 난 후 오필리어를 만나는 것이다. 한데 이 상황에서 오필리어는 햄릿에게 연애편지들을 돌려준다. 햄릿은 그동안 오필리어에게 거절당했을 때 느낀 것과는 비교할 수 없는 좌절감을 느낀다. 이건 나의 개인적 경험으로 봐도 매우 치명타가 될 수 있다.

왕자님께 돌려드릴 게 있어요.

오래전부터 돌려드리고 싶었지요.

받아주세요.

추측이지만 햄릿은 이 거절을 어머니의 아버지에 대한 거절과도 연관시킬 수 있다. 그리고 햄릿은 폴로니어스와 왕이 숨어서 지켜보는 것을 알고 오필리어에게 폴로니어스는 어디 있느냐고 묻는데 그녀는 거짓말을 한다. 이것이 햄릿이라는 폭약에 불을 붙이는 작용을 한다. 그는 그렇게 믿고 사랑했던 오필리어가 친구들인 로젠크란츠와 길덴스턴처럼 자신을 배신했다고 확신한다. 이어서 여인들에 대한 분노, 두려움, 그리고 의심 이 모든 것이 터져

나온다.

> 그래도 붙어먹고 싶으면
> 바보천치하고나 붙어먹어!
> 제정신인 놈들이라면
> 너희들이 어떤 괴물인지,
> 자기네를 어떻게 괴물로 만드는지,
> 금세 알아챌 테니까!
> 그 분칠한 얼굴, 혀짤빼기 콧소리,
> 신물이 난다, 제기랄!
> 앞으로 결혼 같은 건 없어!
> 썩 꺼져! 수녀원으로 가! 가라고!
> 안 가? 그럼 내가 가지.

매우 안타깝고 슬픈 장면이다. 사실 햄릿과 오필리어는 닮은꼴이다. 둘 다 아버지를 잃은 슬픔으로 인해 미친다는 면에서 마치 거울을 보는 것 같다. 게다가 둘 다 얼마나 고독한 인간들인가?

햄릿은 먼저 아버지를 잃고, 삼촌에게, 이어서 어머니에게 배신당한다. 아버지의 대신이었던 폴로니어스에게 일말의 희망을 가지고 있던 햄릿은 더 이상 그를 믿을 수 없다는 사실을 알게 된다. 이어 단짝 친구였던 로젠크란츠와 길덴스턴이 왕의 편에 붙어 자신을 감시했다는 사실도 알게 된다. 그리고 결국에는 자신이 사랑하는 여인에게도 배신당한다.

오필리어는 먼저 오빠가 프랑스로 떠나면서 기댈 곳을 잃는다. 원래 셰익스피어의 원전에는 없는 내용이지만 나는 배우들과 전사를 하면서 오필리어의 어머니가 일찍 죽은 것으로 설정한 바 있다. 그러면 오필리어는 더더욱 외로울 수밖에 없다. 이어 아버지도 잃는다. 그것도 자신이 사랑하는 사람이 아버지를 죽인다. 그리고 햄릿이 영국으로 떠나면서 사랑하는 사람도 잃는다. 어떤 면에서 오필리어는 햄릿보다 더 외로운 인간이다. 왜냐하면 오필리어는 호레이쇼가 없는 햄릿이기 때문이다. 햄릿은 미친 척하지만, 오필리어는 진짜로 미칠 수밖에 없다.

5막에서 이런 오필리어의 죽음을 마주한 햄릿은 정말 미치고 싶어 한다. 그리고 운명이 자신에게 맞춰 짜놓은 각본을 받아들인다. 결투를 말리는 호레이쇼에게 그 유명한 참새의 추락에 관한 이야기를 하며 죽음을 향해 서서히 걸어 들어간다. 원문을 보면 이 부분의 의미를 음미하는 데 도움이 될 것이다.

Not a whit, we defy **augury**; there's a special Providence in the fall of a sparrow. If **it** be now, 'tis not to come, if **it** be not to come, **it** will be now; if **it** be not now, yet **it** will come. The readiness is all. Since no man has aught of what he leaves, what is't to leave betimes? Let be.

햄릿은 호레이쇼의 예감을 거부하면서 '우리는 예언에 불복한다we defy augury'고 말한다. 여기서 *augury*라는 단어가 매우 중요하다. 사람들은 갑자기 참새 타령을 하는 햄릿을 이상하게 생각하는데, 이 *augury*라는 단어 때문이다. *augury*는 점을 쳐서 나오는 예언이다. 하지만 일반적인 점이 아니라 새를 보고 치는 점이다. 고대에는 새의 행동을 보고 점을 쳤다. 호메로스의 〈오디세이아〉에도 독수리 두 마리가 싸우는 것을 보고 점을 치는 내용이 나온다. 실제로 고대 로마에서는 새의 행태를 가지고 점을 치는 *augur*라는 공식적인 직급이 있었다. 그래서 햄릿의 문장에 참새가 자연스레 등장하는 것이다. 〈오디세이아〉에서처럼 독수리 같은 영웅을 상징하는 새가 아니라 힘없는 참새를 떨어트린다in the fall of a sparrow. 그리고 신을 등장시킨다. 한데 우리가 아는 *God*이 아니라 *Providence* 라는 표현을 쓴다. 라틴어의 어원을 보면 '미리 또는 앞서'라는 뜻의 *pro*와 '본다'라는 의미의 동사 *videre*에서 기인한 단어다. 대문자로 표현했으니 미리 보는 존재로서의 신을 생각하면 된다. 그리고 죽음을 *it*으로 받는다. 한데 *it*이 꼭 죽음일 필요는 없다. 운명을 의미해도 마찬가지다. 하지만 전체 맥락으로 보면 죽음으로 다가온다. 햄릿은 이를 두 단계로 분리해서 논리를 전개해나간다. 먼저 죽음이 지금 온다면If it be now 다음에는 오지 않을 것이고'tis not to come, 다음에 오지 않는다면if it be not to come, 지금 와야 할 것이다it will be now. 이어 다른 경우를 상정한다. 죽음이 지금 오지 않는다면if it be not now, 언제든지 올 것이다yet it will come. 그러니 어떤 경우에도 준비를 할 수밖에 없다The readiness is all. 아무도 그가 떠난 뒤, 즉 죽음 뒤에 무엇이 있는지 알 수 없으니Since no man has aught of what he leaves, 좀 일찍 떠난다고 뭐가 문제되겠느냐what is't to leave betimes며 달관한 모습을 보여준다. 그리고 '그대로 두세Let be'라고 말하면서 멋있게 받아들인다.

무대를 기다리며

"수녀원으로 가!" 장면에서 햄릿 역의 이승주 배우가 고민이 많다. 이 장면을 매우 강하게 표현하고 싶어 하는 연출은 폴로니어스가 숨어서 감시하고 있다는 사실을 햄릿이 알고 오필리어를 세게 몰아세우는 것으로 하자고 밀어붙인다. 오필리어를 쓰러뜨리고 올라타서 화장한 얼굴을 짓뭉개라는 것이다. 연출이 요구하니 배우는 그저 따를 수밖에 없다. 하지만 후배 여배우를 그렇게 하고 나면 마음이 편할 리 없다. 이승주 배우가 나에게 와서 그 고민을 털어놓는다. 괜찮다고 달래주면서, 그 장면 앞의 독백에서 햄릿의 외로움과 괴로움을 충분히 피력하면 상대 배우도, 관객들도 다 이해하고 넘어간다고 설명해준다. 그러니 고민이 더 커진다. 그 독백이 힘을 받으려면 바로 앞에 나온 극중극 배우들이 헤큐바 장면을 매우 슬프게 해줘야 한다. 해결되겠지만 그 부분을 기다리는 배우는 속이 탄다. 연극을 제대로 만들기가 이렇게 어렵다.

연습이 마무리되어가는 시점에 이번에는 오필리어 역의 루나 배우가 찾아와 "수녀원으로 가!" 장면의 고민을 토로한다. 햄릿 역의 두 배우가 이 장면에서 감정이 서로 다르다며 전에 레어티즈 역의 배우들과 함께 강독했던 것처럼 햄릿 역의 두 배우와 함께 원전 해설을 듣고 싶다고 한다. 나는 두 햄릿의 감정을 다 소화하면 안 되느냐고 달래본다. 루나 배우는 하라면 하겠지만 심적으로 너무 힘들다고 한다. 루나 배우가 원하는 대로 하면 좋겠지만, 지금은 타이밍이 너무 늦었다. 햄릿은 대사도 압도적으로 많고 심리도 복잡하다. 연습 초반이라면 모르겠지만 지금은 각자 성격 구축을 끝마친 상태다. 지금 이런 분석 작업을 하면 오히려 햄릿 역의 배우들에게 대혼란만 안겨줄 뿐이다. 일단 알겠다고 대답하며 루나 배우를 안심시킨다. 연습이 끝나고 햄릿 역의 이승주 배우가 찾아와 다른 부분에 대한 고민을 토로한다. 이때다 싶어 오필리어의 고민을 같이 상의한다. 이승주 배우가 자기가 루나 배우와 잘 이야기해서 해결하겠다고 한다. 다음 날 멀리서 보니 둘이 한참 이야기를 나누고 있다. 잘 해결된 듯하다. 그다음 날 학교 수업과 다른 스케줄이 있어 루나 배우에게 내 생각을 그대로 전달하고, 며칠 후에 오필리어만 원문을 분석하기로 약속했다. 하지만 혼돈의 도가니인 연습 마지막 단계에서는 이런 약속이 지켜질 리 만무하다. 이 자리를 빌려 루나 배우에게 사과한다.

사느냐, 죽느냐. 그것이 문제다.

잔인한 운명의 돌팔매와 화살을,

묵묵히 참고 견딜 것인가,

이길 수 없는 싸움인 줄 알면서도,

밀려오는 고해의 파도에 맞서,

결연히 싸우다 쓰러질 것인가,

어느 쪽이 더 고귀한가?

죽는다는 건 잠드는 것. 그뿐이다.

잠이 들어, 이 모든 고통을 잊는다면,

이 모든 괴로움이 끝난다면,

더 바랄 게 무엇이란 말인가?

죽는다, 잠이 든다!

잠이 들면 꿈을 꾸겠지. 죽음에 들어,

이 번뇌에 찬 삶에서 벗어난다 해도,

죽음의 잠, 그 속으로 또 꿈이 찾아온다면?

그 꿈이 더욱 지독한 악몽이라면?

그렇게 우리는 망설이며

고통에 찬 삶을 이어나간다.

불행을 질질 끌고 다니며 살아남는다.

그게 아니라면 그 누가 참겠는가!

이 세상의 채찍과 모욕을,

폭군의 횡포를, 힘 있는 자의 오만을,

무너진 사랑의 고통을, 불공정한 재판을,

무례한 관리들을, 덕 있는 자들이

시정잡배들에게 당하는 발길질을,

그 누가 견디겠는가!

한 자루 단검이면 끝낼 수 있는데,

그 누가 무거운 짐을 진 채, 신음하고 땀 흘리며,

이 지겨운 세상에 남아 있을 것인가?

알 수 없구나, 사람의 마음이여.

알 수 없는 세상을 잘도 살면서,

알 수 없는 죽음을 두려워하며,

그 두려움으로,

이 알 수 없는 세상을 견디는구나!

병들어 나약하고,

비겁해진 가슴에,

어느덧 굳은 결심은 흩어져,

창백한 낯빛으로,

너는 여기 서성거린다.

이러지도 못하고,

저러지도 못한 채.

〈햄릿〉에서뿐만 아니라, 영어로 쓰인 글 가운데 가장 유명한 안티테제가 바로 이 부분이다. 하지만 그 유명세만큼 이해하기도 그리 만만하지 않다. 읽고 보는 각도에 따라 그 생각과 결과도 매우 다르게 나온다. 그래서 어떤 프로덕션은 이 구절을 원래 위치인 3막 1장에서 떼어내 자신들이 원하는 곳에 던져놓고 자신의 거실에서 미술품을 감상하듯 혼자 즐긴다. 셰익스피어의 원전에서는 자신이 왕을 죽일 것인지, 아니면 스스로 죽는다는 것인지, 또는 인간 전체(즉 관객)에 관한 것인지 명확하지 않다. 아니면 이쪽을 선택할지 저쪽을 선택할지에 대한 고민인데, 이쪽과 저쪽의 경계도 명확하지 않다. 시작부터 매우 난해한 문장이다. 하지만 다행스럽게도 우리 대본은 이런 변수들을 대부분 제거해놓았다.

먼저 햄릿이 서 있는 시간과 공간을 변경했다. 폴로니어스를 왕으로 착각해서 살해한 후 영국으로 쫓겨가는 배 위에서 이 대사를 하는 것으로 설정했다. 그러므로 최소한 클로디어스를 죽일 것인가 살릴 것인가의 문제는 제외된다. 이제 햄릿 본인이냐 인간 본연의 문제인가만 남는다. 그리고 영어의 *to be or not to be*도 한국어로 이미 너무나 유명한 구절이라 고민이 사라졌다. 아마 이 구절은 일본어판 〈햄릿〉의 '生きるべきか死ぬべきか'에서 왔을 것이다. 일본어의 べき라는 말에도 여러 의미가 있지만 영어의 *should*나 *ought to* 정도로 이해하면 된다. 즉 '살아야 할 것인가, 죽어야 할 것인가?' 정도로 이해하면 된다. 하지만 우리에게는 "사느냐, 죽느냐. 그것이 문제다"라는 경구로 각인되어 있어 이를 변형시키기도 매우 힘든 구조이다.

우리 관객들이 왜 이 부분을 좋아하는지 생각해보자. 일단 매우 간결한 문장이라 이해하기 쉽다. 동시에 그 짧은 문장에 철학과 종교가 함축된 심오한 주제가 들어가 있다. 사느냐? 죽느냐? 그렇다. 사람들은 이 문제를 햄릿의 문제로만 보지 않는다. 누구나 다 고민하고 있는 문제인 것이다. 그리고 햄릿이 이 고민을 던질 때 우리는 그

답을 매우 갈구하고 있다. 그래서 매우 기나긴 독백임에도 끝까지 기다려본다.

이 부분은 배우나 관객 할 것 없이 기다리고 기다리던 순간이다. 하지만 배우나 관객이나 이 독백을 이해하기는 만만치 않다. 배우가 먼저 이해해야 하고, 가슴에 이 깊은 고민을 담아 전달해야 관객이 받아들인다. 그렇다고 그 전달 방법이 마냥 쉽지만은 않다. 영어에서 한글로 바뀌어도 그 메시지는 동일하다. 무조건 외운다고, 갖은 멋을 부린다고 관객의 마음에 각인되지는 않는다. 멋을 부리면 멋있는 배우만 각인된다. 햄릿의 고민 따위는 극장을 나서는 순간 허공으로 사라져버린다. 집에 선물로 가져가는 것은 멋있는 배우뿐이다. 선물 포장만 남고 알맹이는 어디론가 사라져버리는 허무하기 그지없는 마법이 펼쳐진다.

햄릿이 로젠크란츠와 길덴스턴에게 말하는 대사에서 테제-피봇-안티테제를 사용했다고 이야기한 바 있다. 그때는 셋업과 펀치라인 구조를 이용한 안티테제였다. 그래서 무게를 펀치라인에 실었다. 즉 결론이 이미 펀치라인에 실리는 구조였지만, 이 독백은 다른 형태의 안티테제 구조를 가진다. 두 개의 선택을 저울질하는 이 구조를 잘 이용하면 앞의 고민을 해결하는 데 도움이 될 것이다.

독백은 시작 부분부터 미니 안티테제의 구조를 띤다.

테제	사느냐
피봇	(아니면),✦
안티테제	죽느냐. 그것이 문제다.

이어서 두 번째 안티테제가 뒤쫓아온다.

테제	잔인한 운명의 돌팔매와 화살을,
	묵묵히 참고 견딜 것인가,
피봇	(아니면)
안티테제	이길 수 없는 싸움인 줄 알면서도,
	밀려오는 고해의 파도에 맞서,
	결연히 싸우다 쓰러질 것인가,

지금까지는 셰익스피어의 워밍업이었다. 여기까지 스케치였다면 이제 본격적인 큰 그림이 그려진다.

✦ 영어에서는 or로, 한글은 '아니면' 정도가 된다. 그러나 우리 대본에서는 '아니면' 대신에 ','를 사용했다. 배우가 충분히 사이를 두면 해결될 것 같다.

테제   죽는다는 건 잠드는 것. 그뿐이다.

잠이 들어, 이 모든 고통을 잊는다면,

이 모든 괴로움이 끝난다면,

더 바랄 게 무엇이란 말인가?

죽는다, 잠이 든다!

피봇   잠이 들면 꿈을 꾸겠지.

안티테제   죽음에 들어,

이 번뇌에 찬 삶에서 벗어난다 해도,

죽음의 잠, 그 속으로 또 꿈이 찾아온다면?

그 꿈이 더욱 지독한 악몽이라면?

그렇게 우리는 망설이며

고통에 찬 삶을 이어나간다.

불행을 질질 끌고 다니며 살아남는다.

그게 아니라면 그 누가 참겠는가!

이 세상의 채찍과 모욕을,

폭군의 횡포를, 힘 있는 자의 오만을,

무너진 사랑의 고통을, 불공정한 재판을,

무례한 관리들을, 덕 있는 자들이

시정잡배들에게 당하는 발길질을,

그 누가 견디겠는가!

한 자루 단검이면 끝낼 수 있는데,

그 누가 무거운 짐을 진 채, 신음하고 땀 흘리며,

이 지겨운 세상에 남아 있을 것인가?

알 수 없구나, 사람의 마음이여.

알 수 없는 세상을 잘도 살면서,

알 수 없는 죽음을 두려워하며,

그 두려움으로,

이 알 수 없는 세상을 견디는구나!

   그리고 우리는 헤겔 변증법의 신테제synthese, 合, 즉 결론을 만나게 된다.

신테제   병들어 나약하고,

비겁해진 가슴에,

어느덧 굳은 결심은 흩어져,

창백한 낯빛으로,

너는 여기 서성거린다.

이러지도 못하고,

저러지도 못한 채.

여기에 우리는 원전에는 없는 또 다른 결론을 더한다.

먼 바다를 떠도는,

텅 빈 내 영혼이여,

다시 한 번 그 목소리를 기억하라.

파도도 씻어내지 못할, 그 피를,

바람도 지우지 못할, 그 피비린내를

가슴 가득 머금어라!

일어서라, 움직여라!

돌아가야 한다.

이 목소리는 햄릿 선왕의 목소리일 것이다. 여기서 햄
릿은 의지를 확실히 표명한다. 그리고 자신의 의지를 실
행에 옮기려고 스스로 바다에 뛰어들어 통나무를 타고 덴
마크로 돌아오는, 원전과는 매우 다른 분위기의 햄릿으로
전환한다. 하지만 이것 때문에 햄릿이 달라지는 것은 아
니다. 왜냐하면 이렇게 결의에 찬 햄릿이 등장하자 우리
대본에서 처음에 배제했던 클로디어스를 살리느냐 죽이
느냐의 문제가 다시 수면 위로 떠올랐기 때문이다. 우리
는 원전에 도사리고 있던 여러 해석들 가운데 한 방향으
로 키를 돌린 것뿐이고, 이런 햄릿과 함께 여행을 계속해
야만 한다.

　기나긴 두 번째 안티테제에 대해서는 다른 의견이 있을

수 있다. 햄릿은 자신이 삶을 선택했다는 사실을 우리가 비웃고 과소평가할 것이라 생각한다. 그래서 그는 우리가 틀렸다는 것을 입증하려고 한다. 처음에는 이런 식으로 주장한다. "물론이지. 죽는다는 것은 대단한 거야. 편하게 쉴 수 있잖아." 그러고 나서는 진실이라는 작대기로 우리를 콕 찌른다. "그래, 맞아! 하지만 당신이 내 입장이라면 죽겠느냐고? 웃기고 있네! 나를 무슨 바보로 알아!"

아마 햄릿은 처음부터 안티테제를 펀치라인 개념으로 의도하고 계획했을 수 있다. 하지만 나는 그렇게 생각하지 않는다. 독백의 도입부에서 햄릿은 그저 우리에게 죽음이 얼마나 근사한 것인가를 이해시키려고 했을 뿐이다. 한데 생각을 계속하면서 그 생각은 점점 끔찍한 방향으로 치닫고, 안티테제로 들어가는 것이다. 실제로 햄릿 자신도 놀라는 것이다. 햄릿이 우리를 데리고 탱고를 잘 추다 갑자기 벽에다 내팽개친 셈이다. 그리고 우리는 바닥에 주저앉아서 신데렐라처럼 댄스홀을 뛰쳐나가는 햄릿을 바라보다, 그가 남긴 신발을 주워 들고 햄릿을 찾아 나서야 한다. 이봐! 햄릿! 신발은 신고 가야지!

지금까지의 글은 2016년에 쓴 글이다. 다시 읽어보니 문제의 긴 안티테제에서 배우가 매우 힘들 것 같다는 생각이 든다. 아무런 연극적 장치 없이 혼자 연단에 올라 관객만 바라보면서 이 대사를 해내야 한다. 모든 관객이 자신에게 시선을 집중하고 있다. 다른 배우들은 모두 사라지고 커다란 무대에 햄릿만 남아 긴 독백을 한다. 관객들 역시 배우의 대사가 지루해도 도망갈 곳이 없다. 마치 햄릿과 관객의 결투duel와도 같다. 팽팽한 긴장감이 맴돈다. 햄릿과 관객은 사느냐 죽느냐 결투를 벌이는 것이다. 여기서 관객을 설득하지 못하면 연극 〈햄릿〉은 관객의 지루함과 질타에 쓰러지고 말 것이다. 연극이 살려면 햄릿은 관객이 자신을 찌르기 전에 관객의 영혼을 찔러야 한다. 이게 쉬울 리 없다.

연습을 마치고 주차장으로 가는데 손진책 연출이 한 가지 부탁을 한다. 햄릿 역 배우용이 아니라 우리 배우 전체를 위해 이 장면의 해설 노트를 써달라는 것이다. 드문 경우다. 연출도 젊은 시절에는 이 장면을 원어로 다 외운 적이 있었다고 한다. 내가 원서 강독을 할 때 옆에서 같이 흥얼거리는 것을 들어보면 거짓말이 아니다. 연출만 그랬을까? 나도 젊을 때 이 부분을 모두 원어로 암송했다. 영국이나 미국에서 공부하는 학생들도 이 부분을 외운 경험이 있을 것이다. 하지만 쉽지 않은 일이다. 원문이 워낙 어려워서 그렇다. 외울 수는 있지만 자기화

할 수가 없다. 게다가 페이소스를 뒤집어쓴 괴물 같은 에 니그마(수수께끼)가 독백 곳곳에 깔려 있다.

원문도 이런데 의역을 한 우리 대본은 얼마나 어렵겠는 가? 배우의 고충을 이해할 수 있다. 게다가 원문의 테제-피봇-안티테제 시스템과 우리 대본의 시스템은 다르다. 원문을 이해해야 우리 대본을 완전히 이해할 수 있겠다 는 생각이 든다. 좀 지루한 작업이지만 원문을 최대한 설 명하는 것이 가장 도움이 될 것 같다. 한데 셰익스피어의 독백은 운문이다. 단어 하나하나의 리듬을 타면서 읽어야 그 맛이 살아난다. 이 운문 체계 때문에 그 내용을 이해하 는 것이 힘들다. 그래서 나는 먼저 운문의 틀을 깨고 산문 의 형태로 독백을 재구성해보았다. 우리가 런던 글로브 극장에서 영어로 공연할 것도 아니지 않은가?

이 독백이 어려운 것은 단어의 난해함 때문이 아니다. 대명사가 남발되고 있기 때문이다. *It, they, this,* 또는 *that* 같은 것들이 무엇을 말하는지 종잡을 수 없다. 이것 만 잡아내고 주어와 동사만 알아내면 대부분의 어려운 문 제들은 풀린다. 악몽이겠지만 고등학교 영어 수업 시간으 로 잠시만 돌아간다고 생각하자. 이 독백은 총 아홉 문장 으로 되어 있다. 한 문장씩 풀어보겠다. 한글 해석은 되도록 우리 대본의 구절을 따오겠다.

사느냐

(아니면),

죽느냐. 그것이 문제다.

잔인한 운명의 돌팔매와 화살을,

묵묵히 참고 견딜 것인가,

(아니면)

이길 수 없는 싸움인 줄 알면서도,

밀려오는 고해의 파도에 맞서,

결연히 싸우다 쓰러질 것인가,

To be, or not to be, **that** is the question: **whether** 'tis nobler in the mind to suffer the slings and arrows of outrageous fortune **or** to take arms against a sea of troubles, and by opposing end them.

너무나 잘 아는 동시에 크게 오해하고 있는 구절이다. 우리에겐 "사느냐, 죽느냐. 그것이 문제다!"라고 알려져 있지만 실제로는 매우 긴 문장이다. *That is the question* 의 *that*은 그다음 *whether ~ or*에 해당하는 것이다. 즉 잔 인한 운명의 돌팔매와 화살을 묵묵히 참고 견디는 것to suffer the slings and arrows of outrageous fortune과 고난의 바다에 맞서 무기를 들어 맞서서 그 고난을 끝내는 것 to take arms against a sea of troubles, and by opposing end them 가운데 무엇이 더 고귀한 생각'tis nobler in the mind 인가 그것이 문제라는 것이다. 그래서 전자를 *to be*로 보고 후자를 *not to be*로 해석하다보니 '사느냐, 죽느냐'로 받는 것이다. *'tis*는 옛날 말로 *it is*를 줄인 것이다.

죽는다는 건 잠드는 것. 그뿐이다.
잠이 들어, 이 모든 고통을 잊는다면,
이 모든 괴로움이 끝난다면,
To die, to sleep — no more — and by a sleep to say we end the heartache, and the thousand natural shocks that flesh is heir to.

여기서 *to die*와 *to sleep*은 동격이다. 중간에 *is*가 생략되었다고 보면 된다. 그래서 우리 대본도 "죽는다는 건 잠드는 것. 그뿐이다To die, to sleep — no more — "라고 되어 있다. 그리고 잠이 들면and by a sleep, 보통 말하길 to say, 가슴앓이heartache와 우리 몸이 받는that flesh is heir to 자연스레 오는 천 개의 충격적 고통을the thousand natural shocks 끝낸다고 한다to say we end.

더 바랄 게 무엇이란 말인가?

'tis a consummation devoutly to be wish'd.

'이게 우리가 열렬히 원하는 것의 최고봉'이라는 말인데 우리 대본에는 "더 바랄 게 무엇이란 말인가?"로 되어 있다. 그냥 죽는 것이 최선이고 우리 모두 다 그걸 원하는 것 아니냐는 말이다.

죽는다, 잠이 든다!

잠이 들면 꿈을 꾸겠지.

To die, to sleep — to sleep — perchance to dream.

모두 다 동격으로 *is*가 생략되었다. 햄릿은 여기서 앞서의 *to die, to sleep*를 반복한다. 그리고 *to sleep*을 곰곰히 생각한다. 그리고 아마도perchance 그건 꿈꾸는 것to dream이라고 결론 낸다.

아, 한데 걸리는 게 있구나

Ay, there's the rub!

우리 대본에는 빠졌지만 매우 중요한 터닝포인트가 되는 부분이다. *rub*은 잔디에서 공이 잘 굴러가다 튀어나온 부분 때문에 원치 않는 곳으로 가는 것을 말한다. 즉 지금까지 죽음에 대해 잘 끌고왔는데 문제가 생긴 것이다. 뒤이어 뭐가 문제인지 장황한 변명이 이어진다.

죽음에 들어,

이 번뇌에 찬 삶에서 벗어난다 해도,

죽음의 잠, 그 속으로 또 꿈이 찾아온다면?

그 꿈이 더욱 지독한 악몽이라면?

그렇게 우리는 망설이며

고통에 찬 삶을 이어나간다.

불행을 질질 끌고 다니며 살아남는다.

For in that sleep of death what dreams may come, when we have shuffled off this mortal coil, must give us pause — there's the respect that makes calamity of so long life.

왜냐하면For 우리가 이 번뇌에 찬 삶에서 벗어날 때 when we have shuffled off this mortal coil 죽음의 잠 속에서in that sleep of deat 어떤 꿈이 다가올지가what dreams may come 우리를 머뭇거리게must give us pause 만들기 때문이다. 그리고 그런 생각이 우리의 지루하게 긴 삶을 연장하게 하는 재난을 유발한다there's the respect that makes calamity of so long life. 우리 대본에는 "그렇게 우리는 망설이며 고통에 찬 삶을 이어나간다. 불행을 질질 끌고 다니며 살아남는다"로 되어 있다.

그게 아니라면 그 누가 참겠는가!
이 세상의 채찍과 모욕을,
폭군의 횡포를, 힘 있는 자의 오만을,
무너진 사랑의 고통을, 불공정한 재판을,
무례한 관리들을, 덕 있는 자들이
시정잡배들에게 당하는 발길질을,
그 누가 견디겠는가!
한 자루 단검이면 끝낼 수 있는데,
For who would bear the whips and scorns of time, the oppressor's wrong, the proud man's contumely, the pangs of disprized love, the law's delay, the insolence of office, and the spurns that patient merit of the unworthy takes, when he himself might his quietus make with a bare bodkin?

변명은 한 번으로 끝나지 않는다. *For*를 반복하면서 그 이유를 또 설명한다. 해석에 논란이 많은 부분인데, 내용을 보면 죽는 게 맞는 일이다. 하지만 마지막의 "한 자루 단검이면 끝낼 수 있는데" 부분이 문제다. 햄릿은 죽지 못하는 것에 대한 당위성을 이야기하고 있다. 세상의 모욕을 받아가며 죽겠다는 것이 아니다. 그런 모욕을 받지 않기 위해서라도 죽지 않겠다는 말이다. 즉 스스로 그가 목숨을 끊으면when he himself might his quietus make with a bare bodkin 그런 모욕들을 받을 게 분명하니 그렇게 하지 않겠다는 말이다.

그 누가 무거운 짐을 진 채, 신음하고 땀 흘리며,
이 지겨운 세상에 남아 있을 것인가?
알 수 없구나, 사람의 마음이여.
알 수 없는 세상을 잘도 살면서,
알 수 없는 죽음을 두려워하며,
그 두려움으로,
이 알 수 없는 세상을 견디는구나!
Who would fardels bear, to grunt and sweat under a weary life, but that the dread of something after death the undiscover'd country, from whose bourn no

traveller returns, puzzles the will, and makes us rather bear those ills we have than fly to others that we know not of?

그리고 이에 대한 정당성을 한 번 더 어필한다. 그 누가 무거운 짐을 진 채, 신음하고 땀 흘리며 이 지겨운 세상에 남아 있을 것인가?Who would fardels bear, to grunt and sweat under a weary life? 즉 죽겠다는 말이다. 하지만 그다음에 다시 죽지 못한 이유를 말한다. 아직 어떤 여행자도 그 경계를 넘어 돌아오지 못한from whose bourn no traveller returns 알려지지 않은 나라인 죽음 뒤에 올after death the undiscover'd country 그 어떤 두려움이the dread of something 그 의지를 흔들고puzzles the will 우리가 알 수 없는 다른 세상으로 날아가는 것보다than fly to others that we know not of 우리가 앓고 있는 이 모든 병과 아픔을 차라리 짊어지게 만든다makes us rather bear those ills we have. 즉 죽음 뒤에 무엇이 올지 몰라서 살겠다는 말이다. 우리 대본에는 "그 두려움으로, 이 알 수 없는 세상을 견디는구나"로 되어 있다.

병들어 나약하고,

비겁해진 가슴에,

어느덧 굳은 결심은 흩어져,

창백한 낯빛으로,

너는 여기 서성거린다.

이러지도 못하고,

저러지도 못한 채.

Thus conscience does make cowards of us all, and thus the native hue of resolution is sicklie'd o'er with the pale cast of thought, and enterprises of great pitch and moment with this regard their currents turn awry and lose the name of action.

이런 마음이 우리를 모두 겁쟁이로 만들고Thus conscience does make cowards of us all, 결심의 진한 색깔이 이런 창백한 생각들과 섞여서 옅어지고thus the native hue of resolution is sicklie'd o'er with the pale cast of thought, 죽겠다고 결심하고 내딛는 발걸음과 그 순간들이 이런 생각으로 인해 그 경로가 잘못된 곳을 향하고and enterprises of great pitch and moment with this regard their currents turn awry, 그 결심은 행동이라는 이름을 잃어버리는구나and lose the name of action. 이런 결론은 앞에 언급된 *to* *dream*이라는 생각에서 나온다. 꿈을 꾼다는 것에서부터 출발해 이런저런 연역적 결론을 내다 죽지 못하는 것이 당연하다고 말한다. 햄릿이 자신에게 하는 말이지만 인간 모두를 대변해서 하는 대사로 보면 그 무게감이 더욱 크게 다가온다. 그래서 관객과 독자들도 이 부분을 귀담아 듣는 것이다. 관객은 속으로 이렇게 생각하며 그동안 자신이 삶이라는 괴물에게 받은 상처를 달랠 것이다. '저건 내 이야기인데. 이 연극은 내 이야기를 하는구나.'

무대를 기다리며

왜 이 부분이 모든 배우들에게 필요한지 나중에 밝혀졌다. 연극 홍보 영상을 찍는데, 모든 배우가 이 부분을 나누어 대사를 하는 장면을 찍기로 했다는 것이다. 식당에서 저녁을 먹는 도중 영국 배우들이 이 부분을 자신들만의 방식으로 해석하는 것에 대한 이야기가 나왔다. 그러자 박정자 배우가 극중극 배우들도 이 부분을 가지고 연습하는 것으로 바꾸면 어떨지 제안한다. 윤석화 배우는 좋다고 동의한다. 하지만 손숙 배우는 그러면 이상하다고 반대한다. 손봉숙 배우는 아무런 의사표현을 하지 않는다. 여기도 모두 제각각이다. 그러자 화살이 나에게 날아온다. 난 어떻게 생각하느냐고 묻는다. 대답을 잘해야 한다. 긍정도 맞장구치고, 부정도 맞장구치고, 침묵에도 동의한다. 드라마투르크도 힘들다.

햄릿과 피러스

hamlet
school

원전에서 햄릿은 자신을 찾아온 극중극 배우들에게 어디
한번 솜씨를 보여달라면서, 아이네이아스가 여왕 디도에
게 프리아모스 왕이 학살당하는 장면을 이야기하는 부분
을 직접 연기한다. 이 장면은 트로이의 멸망에서 살아남
은 왕자 아이네이아스의 방황과 고난을 그린 라틴어 서사
시 《아이네이스Aeneis》 제2권의 506~558절 부분을 1585년
에 크리스토퍼 말로Christopher Marlowe와 토머스 내시Thomas
Nashe가 드라마로 각색한 〈카르타고의 여왕, 디도Dido, Queen
of Carthage〉의 일부분이다. 아니 정확하게 말하자면 일부분
이라고 할 수는 없다. 크리스토퍼 말로가 쓴 대사를 그대
로 옮긴 것이 아니기 때문이다. 자신의 라이벌인 말로의
대사를 셰익스피어가 통으로 가져다 쓸 수는 없다. 셰익

스피어는 그 상황에 눈물 콧물 입혀가면서 대사를 더욱 실감 나게 각색한다.

이 부분을 이해하려면 트로이의 평화로운 시기로 거슬러 올라가야 한다. 트로이의 왕 프리아모스의 사촌 중에 안키세스라는 인물이 있다. 둘 다 트로이를 건국한 일루스의 손자다. 운이 좋았으면 그가 프리아모스 대신 트로이의 왕이 될 수도 있었다. 이 안키세스가 젊은 시절에 커다란 사건을 겪는다. 사랑의 여신 아프로디테가 안키세스의 뛰어난 외모에 반해 옆 나라 공주로 변신해서 그를 유혹한 뒤 결혼까지 한다. 그리고 둘 사이에 아들도 하나 낳는다. 그 아들이 아이네이아스이다. 세월이 지나면서 더 이상 신분을 속일 수 없었던 아프로디테는 안키세스에게 자신의 정체를 밝히며 경고한다. 사람들에게 여신과 결혼했다고 소문을 내면 분명 제우스의 형벌이 있을 것이라고. 하지만 이러면 꼭 탈이 난다. 입이 근질근질했던 안키세스는 결국 다 떠벌린다. 화가 난 제우스가 그에게 벼락을 내리쳤으나 운 좋게 빗나가 다리에 맞는다. 이후 안키세스는 앉은뱅이가 되어 세월을 보낸다.

그리고 트로이 전쟁이 벌어진 후 아이네이아스는 어머니인 아프로디테의 도움으로 간신히 트로이를 탈출한다. 아들에게 짐이 될 것을 우려한 안키세스는 같이 탈출하기를 거부했지만 아이네이아스는 아버지를 업고 가족과 함께 탈출한다. 하지만 이 나라 저 나라 떠돌며 망명하던 중 아버지는 죽고, 아이네이아스는 카르타고에 상륙해서 디도의 도움을 받는다. 그리고 트로이가 어떻게 멸망했는지 디도에게 들려준다.

다시 〈햄릿〉으로 돌아가자. 연극 속의 연극은 《일리아드Iliad》의 영웅 아킬레우스가 파리스에게 죽음을 당했다는 소식을 듣고 달려온 피러스(보통은 네오프톨레무스라고 부른다)가 복수하는 장면을 묘사한다. 피러스는 자신의 아버지 아킬레우스의 복수를 원하지만, 이미 파리스가 죽고 없으므로 파리스의 가족들을 찾아 다닌다.

죽은 아버지의 복수를 갈구하는 피러스는 햄릿이 그토록 원했지만 실행하지 못하는 복수의 모델이다. 온몸에 적들(아이건 여자건 가리지 않고 모두 죽인다)의 피를 뒤집어쓴 광기의 피러스는 햄릿과는 정반대되는 인물 유형이다. 햄릿은 원수를 찾는 것이 아니라 증거를 찾고 있다. 그것도 매우 정교한 방법을 동원해서 실행한다. 게다가 만일 자신이 아버지의 죽음과 무관한 사람을 죽인다면 벌을 받을 것이라고 생각한다.

한편 피러스가 파리스의 아버지 프리아모스를 죽이려다 잠시 멈칫하는 장면이 있다. 이는 프리아모스가 큰아들 헥토르의 시체를 찾으러 왔을 때 아킬레우스가 그에게 보여준 자비를 기억한 것일 수도 있다. 이러한 망설임은 후에 햄릿이 클로디어스를 죽이려고 하는 순간 망설이는 것에 대한 상징으로 보인다. 하지만 결국 피러스는 복수를 결행한다. 피러스는 프리아모스에게 자비를 보인 아버지보다 고귀하지 못한 이미지를 보여준다. 이는 형을 죽인 클로디어스를 연상시킨다. 이어서 햄릿은 프리아모스의 아내 헤큐바를 호출한다.

햄릿은 남편의 죽음을 속수무책으로 지켜보고만 있던 헤큐바의 절규를 불러내어 그녀를 자신의 어머니 거트루드와 비교한다. 혹시 아버지의 죽음을 거트루드도 보고 있었던 것은 아닌지 의심하고 있기 때문이다. 나중에 아버지의 유령이 나타나서 이런 의심을 없애주긴 하나 햄릿은 마음속으로는 헤큐바와 어머니에 대한 비교를 멈추지 못한다. 신화 속에서 헤큐바는 학살을 피해 변장하고 도망가려다 남편 프리아모스의 죽음을 목격하고 절규하지만, 결국 붙잡혀서 오디세우스의 전리품으로 끌려간다. 적의 첩으로 살아가는 헤큐바와 남편을 죽인 살인자의 아내로 살아가는 거트루드. 이를 비교하는 햄릿의 심정은 착잡하다.

여기에서 햄릿은 자신을 매우 복잡하게 투영한다. 복

수하는 피러스와 자신을 비교하는 동시에 살인을 저지르는 피러스를 삼촌 클로디어스에 비교한다. 또한 이야기의 화자인 아이네이아스에게 자신을 이입하기도 한다. 멸망한 조국을 떠나 망망대해를 떠도는 외톨이 아이네이아스는 의지할 곳 하나 없는 햄릿 자신이다. 나중에 아이네이아스가 복수를 위해 디도를 버리고 시칠리아로 떠나는 부분은 햄릿이 오필리어를 버리는 장면과 비유되고, 디도가 아이네이아스를 저주하면서 자살하는 장면은 오필리어가 햄릿과 아버지의 죽음을 노래하다 자살하는 장면과 오버랩되는 일종의 복선이다.

원전과 달리 우리 대본에서는 햄릿이 아니라 비텐베르크의 배우들이 아이네이아스가 들려주는 이야기 부분의 대사를 시작하면서 등장한다. 그리고 햄릿이 원래 배우들이 해야 할 대사를 치면서 같이 연극의 대사를 완성한다. 영국에서는 〈햄릿〉을 공연할 때 극중극 배우 역할에 항상 당대 최고의 배우를 캐스팅한다. 왜냐하면 뒤에 따라붙는 햄릿의 세 번째 독백 때문이다. 눈물샘을 자극하는 배우의 연기에 햄릿은 자신을 그와 비교하며 자책한다. 즉 여기서 배우가 관객의 눈물을 뽑아내지 못하면 안 된다는 의미이다. 무조건 이 임무는 완결되어야 한다. 따라서 연기력이 최절정에 달한 배우가 캐스팅될 수밖에 없다. 우리 연극에서 대한민국 최고의 배우들을 캐스팅한 것도 같은 이유다. 눈물 한번 뽑아보자. 원문이 매우 어렵지만 남의 눈에서 눈물을 뽑아내려면 그 정도는 공부해야 한다.

The rugged Pyrrhus, like th' Hyrcanian beast — 'tis not so; it begins with Pyrrus — The rugged Pyrrhus, he whose sable arms, black as his purpose, did the night resemble when he lay couched in the ominous horse, hath now this dread and black complexion smear'd with heraldry more dismal. Head to foot now is he total gules, horridly trick'd with blood of fathers, mothers, daughters, sons, baked and impasted with the parching streets, that lend a tyrannous and a damned light to their lord's murder; roasted in wrath and fire, and thus o'er-sized with coagulate gore, with eyes like carbuncles, the hellish Pyrrhus old grandsire Priam seeks.

원전에서 햄릿은 배우들을 반갑게 한 명, 한 명 맞이하고 인사도 하고 옛날 추억도 끄집어낸 다음 배우들에게 뭔가 열정적인 대사를 한번 해보라고 한다. 그리고 어떤 작품을 고를지 잠시 고민하다 옛날에 이 배우들이 공연했던 연극을 꺼낸다. 대중들의 환호는 받지 못했지만 자신 같은 연극 전문가들은 최고의 명장면으로 손꼽는 연극이라면서 아이네이아스가 디도에게 이야기하는 장면, 그중에서도 프리아모스가 잔인하게 학살당한 장면을 들려주는 부분을 요청한다. 그리고 피러스라는 이름을 꺼내면서 직접 그 부분의 시작을 연다. '페르시아 호랑이처럼 강인하고 잔인한 피러스가 — 아, 이게 아닌가. 피러스로 대사가 시작하는데The rugged Pyrrhus, like th' Hyrcanian beast—'tis not so; it begins with Pyrrus —.'

우리 대본에서는 배우 1의 "저이는 누구인가!" 대사 다음에 햄릿이 "피러스! 아킬레우스의 아들!"이라고 받는 것으로 바뀌었다.

2022년 공연 때 연출이 배우들에게 등장하면서 햄릿에게 인사 대신 이 대사를 해달라고 주문했던 것도 햄릿이 배우들에게 사적으로 인사하는 원전의 내용이 우리 대본에는 전부 생략되어 있기 때문이다. 얼마나 햄릿이 배우들과 친하게 지냈는지 알려주려면 이 대사들을 보여주어야 한다. 특히 이 부분은 햄릿이 자신의 슬픈 심정을 달래기 위해 지금 절실히 필요로 하는 부분이다. 배우들이 골라 온 것이 아니라 햄릿이 직접 대사를 하면서 요청하는 부분이다. 이 문제를 해결하려면 예전에 배우들이 이 공연을 끝낸 뒤 햄릿과 맥주집에서 밤새 토론도 하고 서로 대사를 주고받으며 술잔을 기울였던 전사가 필요하다. 햄릿이 가장 좋아했던 연극이 바로 이 부분이라는 것을 배우들이 알고 있기 때문에 들어오면서 인사 대신 이 대사를 치는 것이다. 내 경험상 세상에서 가장 눈치 빠른 사람들은 배우들이다. 귀신같이 안다. 더구나 이들은 순회공연을 하면서 밥벌이를 해야 하는 배우들이다. 공연할 도시에 도착하기 전에 관객이 어떤 연극을 좋아할지 미리 다 상의한다. 당연히 햄릿이 좋아하는 연극으로 공연 프로그램을 짰을 것이다. 원래 디도 이야기를 공연할 목적으로 덴마크에 도착한 것이다. 햄릿 앞에 도착하기 한 시간 전에 리허설도 다 마쳤다. 우리 대본의 밀도를 높이기 위해 피러스를 설명하는 원문을 한 문장씩 풀어보겠다.

보라, 아비규환! 피로 얼룩져 조각난 시체들이 뒹구는, 불타는 트로이의 거리를, 지옥에서 뛰쳐나온 들개처럼, 피칠갑을 한 채 내달리는, 저이는 누구인가?
The rugged Pyrrhus, like th' Hyrcanian beast — 'tis not so; it begins with Pyrrus —

피러스를 설명하는 데 이 끔찍한 장면을 이용한다. 우리 대본은 이 부분을 매우 압축시켰다. "보라, 아비규환!" 아비규환은 말 그대로 끔찍한 장면이다. 하지만 이 단어는 이미 정형화되어 있어 관객들에게 끔찍한 참상을 전달하기에 부족하다. 결국 배우의 감정과 테크닉에 기대야 한다. 그다음 대사도 참상을 전달하기에는 그리 길지 않다. "피로 얼룩져 조각난 시체들이 뒹구는, 불타는 트로이의 거리를" 이 한 줄로 참혹한 장면을 전달해야 한다. 배우가 단어 하나하나에 영혼을 담는 수밖에 없다. 그러기 위해서는 이 끔찍한 장면을 전달하는 사람이 누구인지를 생각해야 한다. 신파극의 변사가 전달하는 것이 아니다. 트로이의 멸망을 눈앞에서 지켜보면서 아버지를 등에 업고 빠져나오는 아이네이아스가 이야기하는 것이다. 자신의 가족들이 끔찍하게 살해당하는 장면을 보고도 맞서 싸우지 못하고 도망쳐나온 아이네이아스가 눈물을 머금으면서 설명하는 것이다. 크리스토퍼 말로의 대본에는 이를 듣다 못한 디도가 너무 감정이 복받쳐서 이야기를 끊기도 한다. 얼룩진 피는 자신의 가족들의 피이며 조각난 시체는 자신의 친족의 시체라고 생각하면 신파조로 나갈 수 없을 것이다.

The rugged Pyrrhus, he whose sable arms, black as his purpose, did the night resemble when he lay couched in the ominous horse, hath now this dread and black complexion smear'd with heraldry more dismal.

문장이 복잡하지만 주어와 동사만 찾으면 된다. 강인하고 잔인한 피러스가The rugged Pyrrhus 지금 이렇게 끔찍하고 검은 피부를 가지고 있다hath now this dread and black complexion. 나머지는 다 형용사적인 설명이다. 얼마나 강인하고 잔인하게 보이는지 이야기한다. 그가 불길한 말에 올라탈 때when he lay couched in the ominous horse 그의 검은 털로 뒤덮인 팔들이he whose sable arms 피러스의 목적만큼 검어서black as his purpose 그 밤과 비슷한 색깔을 띤did the night resemble 강인하고 잔인한 피러스가 더 우울한 붉은 문장으로 발라져 있는smear'd with heraldry more dismal 지금 이렇게 끔찍하고 검은 피부를 가지고 있다. 여기서 '붉은 문장'은 잼처럼 온몸에 달라붙은 피가 검게 굳어가는 것을 표현한 것이다. 우리 대본의 "피칠갑"의 일부가 여기에 해당한다. 다음 문장을 보자.

Head to foot now is he total gules, horridly trick'd

with blood of fathers, mothers, daughters, sons, baked
and impasted with the parching streets, that lend a
tyrannous and a damned light to their lord's murder;
roasted in wrath and fire, and thus o'er-sized with
coagulate gore, with eyes like carbuncles, the hellish
Pyrrhus old grandsire Priam seeks.

머리에서 발끝까지Head to foot 완전히 붉게 물들어 있
다is he total gules. 그리고 어떻게 붉게 물들어 있는지 부
연 설명한다. 아버지들, 어머니들, 딸들, 아들들의 피가
끔찍하게 붙어 있어서 그를 알아볼 수 없을 정도horridly
trick'd with blood of fathers, mothers, daughters, sons이다.
그리고 '목마른 거리들the parching streets에 의해 구워지
고 칠해진baked and impasted'이라는 표현이 나온다. 방
화에 의해 불타오르는 거리들을 목이 마르다고 표현한
것이다. 불길에 그을리고 쓰러진 이 시체들에서 흘러나
온 피에 피러스가 물든다는 것이다. 그리고 그 거리들은
'폭군처럼 저주받은 불빛을a tyrannous and damned light'
'자신들의 주군 프리아모스를 살해하려는 자에게to their
lord's murder' '빌려준다lend'. 즉 타오르는 불길이 거리를
밝혀서 피러스가 프리아모스를 찾는 것을 도와준다는 것

이다. 분노와 불길에 구워지고roasted in wrath and fire, 엉겨붙은 핏덩어리로 인해 덩치가 커지고and thus o'er-sized with coagulate gore, 붉은 종기들처럼 붉어진 눈을 한 채with eyes like carbuncles, 지옥에서 뛰쳐나온 피러스는the hellish Pyrrhus 늙은 왕 프리아모스를 찾는다Old grandsire Priam seeks. 마지막 구절은 우리 대본에서 배우 2의 대사인 "석류처럼 붉어진 눈으로, 트로이의 늙은 왕, 프리아모스를 쫓는다!"에 해당된다.

이제 뒤이어 나오는 부분을 살펴보자.

피러스! 아킬레우스의 아들!
So, proceed you.

조금 전 설명했듯 햄릿이 배우 1의 대사를 받아서 치는 대사다. 원래는 햄릿이 극중극 배우들을 맞이하며 대사를 마친 다음, 배우들에게 다음 대사 받으라so, proceed you 며 건네는 말이다. 그런데 우리는 "피러스! 아킬레우스의 아들!"이라고 바꾸어 피러스의 정체를 여기서 밝힌다. 대사를 듣자마자 햄릿이 자기가 가장 좋아하는 부분임을 알고 반응하는 것으로 생각하면 즐겁게 받을 수 있다. 한데 햄릿도 여기서 같이 연기를 하는 것이라면 즐겁게 받을 수는 없을 것이다. 오히려 자신의 집안과 트로이를 도륙하는 피러스의 이름은 공포와 분노를 불러일으킬 수 있다. 햄릿에게 피러스는 복수하지 못하는 자신을 채찍질하는 도구도 되지만, 자신의 아버지를 죽인 원수 클로디어스도 될 수 있다. 매우 복잡한 심정이다.

오, 노쇠한 왕이여, 마침내 피러스와 맞서게 되니 허망한 칼질도 잠시, 낡은 칼은 부러져 바닥에 뒹굴고 사나운 피러스의 칼이 허공에 번뜩! 다행히 빗나갔으나 칼바람에 땅 위에 쓰러지도다.
'Anon he finds him, striking too short at Greeks. His antique sword, rebellious to his arm, lies where it falls, repugnant to command. Unequal match'd, Pyrrhus at Priam drives, in rage strikes wide; but with the whiff and wind of his fell sword the unnerved father falls.

이제 배우가 햄릿의 대사를 받아서 완성해나가는 부분이다. 프리아모스를 찾아 헤매던 피러스가 그를 곧 발견한다'Anon he finds him. 하지만 늙은 프리아모스는 그저 당하고 있지는 않다. 있는 힘을 다해 그리스군과 맞서 싸운다. 자신의 가족을 지키기 위해 늙은 왕도 싸우고 있다.

하지만 칼을 휘둘러봐야 젊은 그리스 군인들에 닿지 못한다striking too short at Greeks. 아이네이아스는 계속 프리아모스가 싸우는 모습을 전한다. 그의 오래된 칼은his antique sword 자신의 팔에 반역하고rebellious to his arm 바닥에 떨어진 채where it falls 자신의 명령을 거부하면서repugnant to command 그대로 놓여 있다lies. 힘이 없어 칼을 떨어트린 부분을 이렇게 묘사한 것이다. 상대가 될 수 없는 피러스가unequal match'd, Pyrrhus 분노에 싸여 칼을 크게 휘두르며in rage strikes wide 프리아모스에게 달려든다at Priam drives. 피러스의 사나운 칼이 바람을 가르며 허공에 번뜩이자but with the whiff and wind of his fell sword 공포에 떠는 늙은 왕은 바닥에 쓰러진다unnerved father falls. 역부족인 늙은 왕의 모습에서 아이네이아스는 아버지를 본다. 그리고 다시 도주해야 하는 자신의 처지에 절망감을 느끼면서 이 대사를 해야 한다.

오, 늙은 왕이여! 무너지는 트로이의 성벽이여! 내려치던 피러스의 칼날이 허공에 잠시 멈추었도다. 아, 폭풍 전의 고요로다! 잠자던 천둥이 일어나듯, 피러스의 가슴에 멈추었던 복수심이 되살아난다, 불타오른다! 마침내 내려친다! 피에 젖은 칼로 프리아모스를 내려친다!

Then **senseless Ilium**, seeming to feel this blow, with flaming top **stoops to his base**, and with a hideous crash takes prisoner Pyrrhus' ear. For lo! **his sword**, which was declining on the milky head of reverend Priam, **seem'd i' th' air to stick**. So, as a painted tyrant, Pyrrhus stood, and like a neutral to his will and matter, did nothing. But as we often see, **against some storm, a silence in the heavens**, the rack stand still, the bold winds speechless, and the orb below as hush as death — anon the dreadful thunder doth rend the region; so, after Pyrrhus' pause, **aroused vengeance sets him new a-work**; and never did the Cyclops' hammers fall on Mars's armour, forged for proof eterne, with less remorse than **Pyrrhus' bleeding sword now falls on Priam**.

우리 대본에서는 이 부분을 햄릿이 받아서 대사를 이어가는데 아마도 작가가 피러스의 복수와 복수하고 싶은 햄릿의 마음을 대비시키려고 한 것 같다. 하지만 원전은 트로이의 멸망을 피러스의 내려치는 칼질에 비유해 설명하고 있다. 그러자 아무 감정이 없던 트로이의 성

벽도Then senseless Ilium 그의 내려치는 칼날을 느낀 듯 이seeming to feel this blow 불타오르는 탑이 바닥으로 고개를 숙인다with flaming top stoops to his base. 그리고 이무너지는 끔찍한 소리가 피러스의 귀를 사로잡는다and with a hideous crash takes prisoner Pyrrhus' ear. 아! 고귀한 프리아모스의 새하얀 우윳빛 머리로 향하던 그의 칼이For lo! his sword, which was declining on the milky head of reverend Priam 공중에 멈춘 것처럼 보였다seem'd i' th' air to stick. 피에 젖은 폭군 피러스가 멈춰서서So, as a painted tyrant, Pyrrhus stood 자신의 의지나 몸과는 상관없다는 듯이and like a neutral to his will and matter 아무것도 하지 않았다did nothing. 하지만 우리가 자주 보듯이 폭풍이 오기 전에 하늘은 고요하고, 구름은 아무런 움직임도 없고, 사나운 바람도 입을 다물고, 대지는 죽음처럼 조용하다But as we often see, against some storm, a silence in the heavens, the rack stand still, the bold winds speechless, and the orb below as hush as death. 하지만 곧 무시무시한 천둥이 여기를 찢어놓을 것이다anon the dreadful thunder doth rend the region. 피러스의 멈춤 뒤에 바로 일어난 복수심이 그를 다시 재촉한다after Pyrrhus' pause, aroused vengeance sets him new a-work. 전쟁의 신 마르스의 불멸

의 갑옷을 담금질하는 시클롭스의 망치질도the Cyclops'
hammers fall on Mars's armour, forged for proof eterne 피
러스의 피 흘리는 칼이 프리아모스를 내려치는 것보다
Pyrrhus' bleeding sword now falls on Priam 더 슬프진 않았
으리라never did with less remorse than.

이렇게 원전은 피러스의 복수에 중점을 맞추는 것이
아니라 트로이의 추락과 프리아모스가 죽어가는 마지막
과정에 초점을 맞춘다. 여기서 햄릿 역 배우의 고민이 생
길 것이다. 우리 대본에 충실한 동시에 원래의 느낌도 살
려야 한다. 피러스의 복수 부분에는 분노의 감정을 실어
주고, 프리아모스의 죽음 부분에는 햄릿이 복수하지 못
하는 심정을 아이네이아스가 느끼는 연민과 비참함에 투
영해 표현하면 된다.

물러서라, 운명이여!
창녀 같은 여신이여!
Out, out, thou strumpet, Fortune! All you gods, in
general synod take away her power; break all the
spokes and fellies from her wheel, and bowl the round
nave down the hill of heaven, as low as to the fiends!

프리아모스의 최후를 보고 있는 아이네이아스의 마음이다. 운명을 저주할 수밖에 없다. 할 수 있는 욕은 전부 담아서 운명의 여신에게 던진다. 심지어 올림포스의 모든 신들에게 호소한다. 그녀가 돌리는 바퀴를 박살내어 하늘의 언덕에서 저 지하의 구렁텅이로 굴려 떨어트려달라고 호소한다. 이 정도의 심정으로 대사를 해야 한다.

헤큐바, 헤큐바!
Say on; come to Hecuba.

이제 프리아모스의 죽음을 설명했으니 더 가련한 왕비 헤큐바의 운명을 설명해야 한다. 햄릿은 이 부분을 들으면서 헤큐바와 자신의 어머니를 비교한다. 그리고 배우들에게 재촉한다.

아, 슬프구나, 헤큐바 얼굴을 가린 왕비여.
But who, O who, had seen the mobled queen —

여기서 *mobled*는 얼굴을 손으로 가린 것이 아니라 두건으로 얼굴 전체를 덮은 모습을 가리키는 표현이다. 그리스군의 습격에 신분을 숨기고 도망가기 위해 얼굴을 가린 것으로 생각된다. 하지만 말로의 연극 〈디도〉에서 헤큐바는 프리아모스 옆에서 남편의 죽음을 다 지켜보고 졸도한다. 그래서 햄릿이 이 장면에 의문을 제기하는데, 옆에서 지켜보던 폴로니어스가 참견한다. 그렇게 바꿔도 나쁘지 않은 것 같다면서 계속하라고 부추기는 것이다. 폴로니어스의 대사를 보자.

얼굴을 가린 왕비!
좋아! '얼굴을 가린 왕비' 아주 좋아!
'The mobled queen'?
That's good! 'mobled queen' is good.

왕관 대신 누더기를 쓰고 다산으로 메말라 늘어진 허리에 담요를 두르고 맨발로 허위허위 이미 죽은 아들들을 이미 죽은 남편을 찾아 헤매는구나. 강물 같은 눈물이 흘러도 불길은 더욱 거세게 타오르고 마침내 보았구나. 피러스의 손에 난도질당한 남편의 주검을! 비탄이여, 통곡이여! 무심한 별들도 가던 길을 멈추고 젖빛 눈물을 흘리도다! 가련한 여인, 헤큐바여! 하늘 높이 헛되이 두 팔을 들어오려 운명의 여신을 저주하도다!
Run barefoot up and down, threatening the flames with

bisson rheum; a clout upon that head where late the diadem stood, and for a robe, about her lank and all o'erteemed loins, a blanket, in the alarm of fear caught up — who this had seen, with tongue in venom steep'd 'gainst Fortune's state would treason have pronounced. But if the gods themselves did see her then, when **she saw Pyrrus make malicious sport in mincing with his sword her husband's limbs**, the instant burst of clamour that she made unless things mortal move them not at all would have made milch the burning eyes of heaven and passion in the gods.

이 장면은 원전과 우리 대본이 거의 차이가 없으므로 자세한 설명은 생략하겠다. 다만 헤큐바가 자신의 남편이 죽어가는 장면을 우리 대본은 좀 점잖게 "난도질" 정도로 표현했다. 원문에서 강조한 이 부분만 따로 번역하면 헤큐바가 터트리는 통곡의 정도가 이해될 것 같다. 그래야 배우들이 터트리는 울음도 더 울림이 있을 것 같다.

여기서 중요한 단어는 *mincing*이다. 고기를 다진다는 의미의 단어이다. 피러스가 남편의 사지를 칼로 무자비하게 다지는 장면을 헤큐바가 본 것이다. 이 장면을 목격하고 비명을 지르는 그녀의 모습을 하늘의 신들이 보았다면 하늘이 우유를 짜듯이 눈물을 짜냈을 것이고 신들의 가슴이 미어졌을 것이라는 말이다. 그리고 누구든 이 장면을 목격했다면 운명의 여신을 저주했을 것이라고 아이네이아스가 통곡하면서 전하는 것이다. 앞에서도 이야기했지만 이 장면을 목격하고 전달하는 사람은 아이네이아스여야 한다. 그래야 이 대사들의 비통함이 전달된다. 아이네이아스는 걷지 못하는 아버지를 등에 업고 트로이를 탈출하면서 이 모든 장면을 목격한 것이다. 그리고 카르타고의 여왕 디도에게 도움을 요청하며 이 상황을 설명하는 것인데 어찌 울지 않을 수 있겠는가? 아이네이아스의 자책하는 심정이 그대로 햄릿에게도 전달될 수밖에 없다.

무대를 기다리며

 이 부분은 별도로 배우들에게 설명해줘야 했다. 그러지 않으면 배우들이 피러스가 되거나 헤큐바가 되는 실수를 저지를 가능성이 있다. 아니나 다를까 배우들끼리 의견 충돌을 일으키다 박정자 배우가 나에게 이 대사들을 누가 누구에게 하는 거냐고 묻는다. 다시 한 번 설명한다. 아이네이아스가 디도에게 하는 대사다. 배우 1, 배우 2, 배우 3, 그리고 배우 4라는 배역이 있다고 서로 입장이 다른 게 아니다. 네 사람이 전부 아이네이아스의 입장에서 대사를 하는 것이다. 거봐라 하면서 박정자 배우가 당당하게 다른 배우들에게 돌아간다.

chapter. 4

죽음을 부르는 덴마크 왕실

클로디어스 성격 분석

악을 구축하는 액터

hamlet
school

〈햄릿〉의 악당 클로디어스는 이 모든 사건의 시발점이다. 주인공은 햄릿이지만 햄릿은 수동적으로 움직이고 있다. 좀 다른 이야기지만 나는 배우俳優라는 말보다 영어인 액터actor라는 표현을 좋아한다. 배우를 가리키는 유럽어 표현은 다양하다. 프랑스어로는 연극을 뜻하는 단어인 코메디comédie를 하는 사람이란 의미로 코메디앙comédien, 독일어로는 쇼를 연기하는 사람이라는 뜻으로 샤우슈필러Schauspieler라고 한다. 하지만 영어의 액터에는 액트Act를 만드는 또는 하는 사람이라는 뜻이 담겨 있다. 중학생도 다 아는 단어이지만 이 말을 온전히 이해하기는 쉽지 않다. 너무 쉽고 흔한 단어라 보통은 그냥 넘어간다. 하지만 영어권 사람들에게 이 액터란 말은 여러 가지 뉘앙스를 갖는다. 먼저 우리가 1막 1장이라고 할 때 쓰는 막幕이 act이다. 이렇게 해석하면 액터는 막을 주도하고 만드는 사람이다. 그리고 막을 만들어가는 행동이 액션action이다. 성경의 사도행전은 영어로 *Acts*이다. 액트들의 모음인 것이다. 한국에서는 1막이라고 하면 커튼이 내려오는 막으로 받아들이지만 서양에서 한 막은 위대한 여정인 것이다. 그런 의미에서 나도 항상 배우들에게 액터는 *active*해야지 *passive*하면 안 된다고 코치한다. 대사가 오면 액트를 만들어야지 패스해버리면 안 된다.

이런 면에서 〈햄릿〉의 진정한 액터는 클로디어스이다. 자신이 원하는 것이 있으면 서슴지 않고 액티브하게 해치운다. 햄릿은 그가 행한 액트 안에서 놀아난다. 이를 벗어나기 위해 햄릿은 직접 대본을 짜 다른 액터들을 등장시키는 연극을 이용한다. 하지만 모든 행위에는 동기가 있는 법이다. 클로디어스가 악惡의 액트를 열게 한 동기는 무엇일까? 이 부분도 여러 가지 해석이 분분하지만, 난 사랑이라고 본다. 왕위에 대한 야망보다 사랑 때문에 이 모든 행동을 시작한 것이다. 왕을 독살하는 것은 매우 위험한 일이다. 게다가 클로디어스가 기독교인이라는 걸 감안할 때 친형을 죽이는 것은 현세보다 내세에서 받게 될 벌을 감수하는 행위이다. 이런 모험을 하는 것보다 왕의 동생으로 대접받으며 사는 것이 그에게는 편한 일이다. 하지만 사랑이라는 괴물이 개입하면 이런 무모한 일도 벌일 수 있다. 햄릿이 미친 게 사랑 때문이라는 폴로니어스의 진단을 클로디어스가 받아들이는 것도 그에게 그런 경험이 있었기 때문이다. 그에게는 야망보다 사랑이 먼저다. 왕위라는 것도 사랑을 위해 필요한 것이다. 형인 햄릿 선왕과 달리 그에게는 정복욕이 없다. 그저 내 사랑을 쟁취하고 유지하기 위해 왕위가 필요한 것이다. 그래서 원전에서 1막 2장이 열리면서 그가 하는 대사들에서는 전쟁보다 평화협정을 체결하려는 모습이 나타난다.

　여기서 관건은 관객들이 그의 사랑을 어떻게 느끼느냐는 것이다. 억지로 애정 표현을 보여주려고 하면 햄릿을 자극할 수는 있지만 유치할 수 있다. 몇십 년 동안 애만 태우며 바라보던 여인을 직접 만난다면 어떻게 할 것인가? 그 애절함과 쿵쾅대는 심장 때문에 손 하나 잡는 것도 가슴이 설레는 일이다. 나는 그런 머뭇거림이 관객들에게 사랑이라는 이름으로 더 잘 전달될 거라 생각한다. 그녀가 햄릿에게 따뜻하게 대하면 거기에 질투를 느껴도 좋다. 아직도 거트루드의 사랑을 더 갈구하는 캐릭터가 잘 보일 것이다. 눈에 두드러지진 않지만 이런 미세한 사랑의 파동은 예민한 햄릿에게 더 큰 파도로 다가온다. 자

신이 사랑하던 어머니를 빼앗겼다는 절망에 라이벌 의식
도 작용할 것이다. 이런 감정들이 쌓여 나중에 오필리어
에게 갖은 욕설을 퍼붓고, 3막 4장에서 어머니에게도 온
갖 말을 퍼붓는 것이다. 그래서 도입부에 이렇게 사랑을
둘러싼 갈등이 보이는 것이 중요하다.

클로디어스는 극중극을 통해 햄릿에게 자신의 범죄가
탄로나기 전까지 햄릿이 사랑 때문에 미친 것인지, 아니
면 왕위에 대한 야망 때문에 연극을 하는 것인지 고민한
다. 그 이유를 알아내면 문제를 해결할 수 있을 것이라고
생각한다. 그런데 연극이 진행될수록 자신의 범죄가 밝혀
질 경우 닥칠 일에 대한 두려움에 흔들린다. 왕위보다 거
트루드에게 버림받을 것이 두려운 것이다. 이러면 햄릿을
죽이는 당위성도 더 견고해진다. 거트루드 때문에 햄릿을
위하는 척했지만, 이제는 햄릿을 죽이는 것이 그녀의 사
랑을 잃지 않을 유일한 방법이라고 생각한다. 그래서 자
신의 손으로 죽이려고 하지 않고, 계속 다른 사람의 손을
빌리는 것이다. 처음에는 영국 왕, 다음에는 레어티즈. 이
모든 것이 실패하면 남들이 눈치채지 못하게 독살하려고
한다. 하지만 그 독배는 결국 자신이 모든 것을 다 걸고
사랑한 거트루드가 마신다. 여기서 그의 모든 것이 무너
진다. 이제 클로디어스는 세상 모든 것을 다 잃은 사람이

되어야 한다. 어찌해야 할지 망연자실한 상태에서 이 액트의 끝을 맺어야 한다. 사랑으로 시작해서 죽음으로 끝나는 악이라는 이 액트는 모두 클로디어스라는 액터가 창조해낸 무대이다.

클로디어스를 연기한 배우들

2016년.. 정동환

2022년.. 유인촌

2024년.. 정동환, 길용우

감시의 연극인가 애매모호함의 연극인가?

hamlet school

〈햄릿〉은 어찌 보면 감시의 연극이다. 마치 조지 오웰의 소설 《1984》를 연상케 한다. 폴로니어스는 스파이를 보내 아들 레어티즈를 감시하고, 폴로니어스와 클로디어스는 햄릿과 오필리어가 만나는 것을 감시하고, 폴로니어스는 햄릿과 거트루드가 만나는 것을 감시하고, 호레이쇼는 햄릿의 부탁으로 클로디어스를 감시하고, 로젠크란츠와 길덴스턴은 클로디어스의 요청으로 햄릿을 감시하고, 햄릿과 호레이쇼는 오필리어의 장례식에서 레어티즈, 클로디어스, 그리고 거트루드를 감시한다. 물론 《1984》에서같이 조직적인 것은 아니지만, 뭔가 음모의 냄새가 가득하다.

하지만 연극 전체를 지배하는 것은 이런 숨막히는 감시체계가 아니라 애매모호함이다. 햄릿은 오필리어를 사랑하는가? 햄릿은 클로디어스를 기도할 때 죽였어야 했나? 거트루드는 자신의 전남편을 배신한 것인가? 폴로니어스는 노련한 정치가인가, 아니면 바보 같은 인물인가? 햄릿은 미친 것인가, 미친 척하는 것인가, 아니면 이 두 가지가 다소 섞인 상태인가? 셰익스피어의 〈햄릿〉은 관객의 이러한 의문에 정확한 답변을 주길 의도적으로 거부한다. 그리고 이 점이 〈햄릿〉이 널리 그리고 오랫동안 사랑받는 힘이다.

애매모호함의 정점은 유령이다. 유령은 정말 햄릿의 아버지인가, 아니면 악마인가? 당시의 상황을 보면 지금처럼 유령의 존재가 간단치 않다. 수백 년 동안 연옥을 인정해온 가톨릭 체제에서, 연옥 인정을 금하는 프로테스탄트 체제로 전환한 시점이다. 잘못하면 목이 날아간다. 셰익스피어는 이 문제를 이런 애매모호함으로 교묘하게 피해 나간다. 유령의 말을 믿으면서도 햄릿은 한편으로는 유령이 악마라는 생각을 멈추지 않는다. 그리고 유령의 말이 사실로 증명된 후에도 유령이 자신의 아버지라는 확신은 없다. 만일 유령이 악마라면 그런 사실을 이용해서 덴마크 왕실을 초토화시키고 햄릿을 지옥으로 인도하는 데 성공했다고 생각해도 틀린 것은 아니다.

연극은 이러한 애매한 문제들을 풀어낼 시도조차 하지

않는다. 모든 것은 관객과 독자가 입맛에 맞게 마음대로 양념을 뿌려가면서 넘기면 된다. 이런 애매모호함 때문에 인류가 존재하는 한 끝까지 공연될 연극이 〈햄릿〉이다. 수수께끼는 풀리지 않아야 의미 있는 것이다.

2022년에 우리 연극은 몇 가지 전사들을 추가하면서 애매모호한 부분들에 색을 입혔다. 여기서는 하나만 짚고 넘어가자. 본격적으로 연극이 시작하면서 클로디어스가 등장해 대관식 장면과 결혼 피로연에 대해 설명한다. 원전에서는 자신이 거트루드를 왕비로 맞이해야만 하는 사연을 이야기한 다음에 어지러운 나라 사정의 근원인 포틴브라스 문제를 장장 한 페이지에 걸쳐 이야기한다. 한데 우리 대본은 이 부분을 생략했다. 1막 1장에 나오는 전쟁 발발 원인에 대한 호레이쇼의 설명 역시 빠진 것을 보면 의도적이다.

〈햄릿〉을 분석할 때 전문가들은 클로디어스가 형을 죽인 원인을 여러 가지로 추측한다. 하나는 클로디어스의 권력욕이다. 권력을 얻기 위해 거트루드를 이용한다는 것이다. 두 번째는 정말 덴마크를 구해야 한다는 사명감이다. 나라를 안정시켜야 한다는 사명감에 그는 전쟁광인 형을 제거한다. 세 번째는 거트루드에 대한 사랑이다. 그녀를 사랑하지만 결혼한 여인이다. 요즘이라면 손 붙잡고

먼 곳으로 야반도주해서 살면 된다. 한데 공교롭게 그녀의 남편은 내 형이다. 그리고 그녀는 한 나라의 왕권을 좌우하는 왕비다. 방법은 하나다. 형이 사라지면 이 모든 고민이 해결되는 것이다.

우리 대본에서는 사명감을 제거해버렸다. 권력욕과 사랑만 남는다. 연출과 이 부분에 대해 많은 이야기를 나누었다. 우리는 클로디어스의 사랑에 더 많은 비중을 두기로 했다. 그러면 많은 부분이 해결된다. 등장하면서 클로디어스가 얼마나 거트루드를 사랑하는지를 보여주면 된다. 물론 우리 대사에는 이런 사랑 타령은 존재하지 않는다. 하지만 셰익스피어의 좋은 점은 행간에 있다. 지문이 없기 때문에 우리가 얼마든지 이 지문을 새롭게 만들어 해결하면 된다. 그리고 사랑에 기인한 이런 과도한 행동은 햄릿의 가슴을 먹먹하게 한다. 거트루드와 클로디어스는 햄릿을 달래면서도 눈빛으로는 아직도 사랑을 갈구하느라 여념이 없다. 햄릿의 가슴은 터질 것만 같다. 결국 이들이 퇴장하고 혼자 남은 햄릿은 "터져라, 가슴아!" 하고 외친다.

햄릿의 광증에 대한 해석에서도 사랑이 큰 역할을 한다. 거트루드는 자신의 성급한 재혼 때문이라고 추측한다. 하지만 클로디어스는 이런 추측이 너무 싫다. 햄릿이 자신의 사랑에 재를 뿌리는 게 참기 힘들다. 다른 이유가 있어야 한다. 왕위에 대한 야망 때문에 햄릿이 미친 것이라고 결론 내고 싶어한다. 이를 눈치챈 로젠크란츠와 길덴스턴도 햄릿과 만났을 때 야망에 대한 이야기로 방향을 몰아간다.

클러디어스가 햄릿을 자신의 손으로 제거하지 못하는 이유도 거트루드에 대한 사랑 때문이다. 햄릿은 사랑하는 거트루드의 외아들이다. 자신이 햄릿을 제거하면 결과는 뻔하다. 거트루드가 돌아설 수 있다. 그녀를 차지하기 위해 형까지 죽였는데 그녀에게 버림받는다는 것은 상상할 수도 없다. 최소한 그녀 앞에서는 햄릿을 아끼고 사랑하는 모습을 보여주어야 한다.

연극 〈쥐덫〉이 끝난 후 기도하는 장면에서도 클로디어스는 죄의 열매로 왕비를 언급한다. 물론 우리 대본에서는 왕비뿐만 아니라 왕관과 야심도 같이 언급하는데, 야심을 마지막에 배치한다.

죄의 열매를, 이 **왕관**을, **왕비**를,

불같은 **야심**을 고스란히 손에 쥔 채,

자비를 바라다니, 용서를 구하다니!

하지만 어쩌란 말이냐?

그것 없이는, **그것** 없이는,
나는 살 수가 없다…

이러면 야심에 방점이 찍힌다. 하지만 원문은 그렇지
않다.

That cannot be, since I am still possessed of those
effects for which I did the murder, my crown, mine
own ambition and my Queen.

왕관, **야망**, 그리고 **왕비** 순으로, 왕비에 방점을 찍는다.
그럼 이 문제를 어떻게 해결해야 할까? 배우가 왕비에 악
센트를 주면 된다. 왕비라는 단어에 마음이 흔들리든지
하는 것도 방법이다. 2022년 연습에서 클로디어스 역의
유인촌 배우가 재미있는 시도를 했다. 우리 대사의 "그
것"에 방점을 찍으면서 이 장면을 이어나갔다. 나는 유인
촌 배우가 "그것"을 왕비로 해석했다고 생각한다.
  햄릿이 폴로니어스를 살해한 후, 연극은 클로디어스가
두려워하는 방향으로 흘러간다. 클로디어스가 두려워하
는 것은 레어티즈의 협박도 아니고, 햄릿의 복수도 아니
다. 왕비가 멀어지는 것이다. 자신이 햄릿을 죽이려고 했

다는 사실을 알면 왕비는 자신을 떠날 것이다. 생각만으로도 견딜 수 없는 일이다. 레어티즈의 손을 빌려 햄릿을 제거해야 한다.

거트루드는 이런 모든 계획을 알고도 클로디어스를 떠나지 않는다. 클로디어스를 향한 사랑이 잠시 식었다가 다시 타오른다. 하지만 우리 대본에서 거트루드는 이 운명의 장난에 자신이 직접 종지부를 찍기로 마음먹는다. 아들을 향한 사랑과 클로디어스를 향한 사랑, 그리고 둘 중 하나는 죽어야 끝이 나는 운명. 그녀는 이 모든 것이 자신의 사랑에서 시작되었다고 생각한다. 하지만 사랑을 포기할 순 없다. 가장 강력한 신 비너스를 누가 막겠는가? 그녀는 사랑을 포기하지 못하는 이런 자신을 포기하면서 자신의 연극의 막을 내린다. 이 순간 클로디어스도 모든 것이 무너지는 것을 느낀다. 그녀가 독이 든 잔을 마시는 순간 자신의 사랑도, 연극도 끝나버린다. 남은 것은 침묵뿐!

무대를 기다리며

　유인촌 배우가 노트를 받더니, 이렇게 설명해줘도 못하면 죽어야겠다고 너스레를 떤다. 그러더니 클로디어스는 사랑도 원하고, 권력욕도 원하는 등 너무 복잡한 것 아니냐고 묻는다. 매우 복잡한 마음을 가진 것이 맞다. 하지만 사랑을 80퍼센트라고 생각하면 좋겠다고 하니, "그렇게나 많이!" 하면서 고개를 절레절레 흔들며 돌아간다. 거트루드 역의 배우가 김성녀라 더 힘들다고 한다. 김성녀 배우의 남편인 손진책 연출을 형처럼 생각해서 그런 것이다. 감정이 이입되어야 하는데 곤란한 모양이다. 참 배우들은 별 걸 다 걱정해야 하는가보다.

클로디어스의 고백록

hamlet
school

연극 〈햄릿〉의 제목은 원래 '햄릿'이 아니다. 정확히 이야기하면 '덴마크 왕자, 햄릿의 비극The Tragedy of Hamlet, Prince of Denmark'이다. 이걸 줄여서 그냥 '햄릿'이라고 하는 것이다. 이렇게 후대에 임의로 제목을 바꿀 수 있다면 가끔씩 나도 이렇게 바꾸고 싶은 욕망이 있다.

햄릿 대 클로디어스.

햄릿의 독백과 대사가 워낙 많아 사람들 머릿속에는 햄릿만 각인된다. 하지만 그의 대사도 만만치 않다. 다른 연극이라면 그의 대사는 주인공 분량이다. 우리 연극도 클로디어스가 대사를 열면서 시작한다. 유령의 등장으로 더욱 심해지긴 했지만 연극 내내 햄릿을 괴롭히는 것은 클로디어스이다. 햄릿이 극복해야 할 장애물인 동시에 숙적은 바로 클로디어스인 것이다. 햄릿과 클로디어스는 서로를 죽음에 이르게 하는 게임을 한다. 레어티즈처럼 칼을 들고 덤비는 것이 아니라 연극을 가지고 결투를 벌인다. 햄릿은 미친 척 연기하다 나중에는 진짜 연극을 이용해 클로디어스를 궁지에 몰아넣는다. 클로디어스는 이런 햄릿의 도전을 바로 받아들인다. 무고한 척 연기하면서 편지를 이용해 햄릿을 제거하려고 한다. 하지만 실패로 돌아가자 펜싱이라는 게임으로 햄릿을 죽이려고 한다.

대사에서도 둘은 라이벌 관계이다. 햄릿에게 '사느냐 죽느냐'가 있다면 클로디어스에게는 고백confession이 있다. 자신의 죄를 고백하면서 참회하는 과정이 예사롭지 않다. 그의 독백을 듣고 있으면 아우구스티누스의 《고백록 Confessions》을 듣는 듯하다. 사람들은 사도 바울이 지금의 기독교를 만들었다고 생각하지만, 그가 만든 초기 교회와 기독교는 그리 정교한 시스템이 아니다. 사도 바울이 주장한 것은 종말론과 예수 재림Parousia 사상이다. 기독교가 고등종교가 된 것은 몇 세기가 지나 교부敎父, Church Fathers 시대가 도래하면서이다. 그중에서 가장 중요한 사람은 라틴 교부 시대를 연 아우구스티누스다.

워낙 유명하고 존경받는 인물이라 사람들은 그가 로마

인이라고 생각한다. 하지만 그는 로마의 숙적으로 디도의 후예인 카르타고 사람이다. 그의 라틴어 이름은 *Sanctus Aurelius Augustinus Hipponensis*이다. 너무 길어서 속칭 *Augustinus Hipponensis*, 즉 '히포 사람 아우구스티누스'라고 부른다. 지금은 알제리 지역에 해당하는 히포는 당시 카르타고의 속주였다. 아우구스티누스를 곱슬머리에 검은 피부의 알제리인으로 생각하면 될 것이다. 소설《이방인 *L'Étranger*》의 작가 알베르 카뮈의 대선배다.

그에 대해 이야기하자면 한도 끝도 없다. 여기서는 그 유명한 《고백론》에만 초점을 맞추겠다. 그의 《고백론》은 죄와 악에 관한 지침서 같은 것이다. 아우구스티누스는 모든 죄의 근원이 원죄에 있다고 본다. 그래서 아담과 이브가 저지른 선악과 사건이 매우 중요하다. 이 사건은 무화과, 뱀, 그리고 이브 같은 상징으로 포장되어 있지만 섹스에 관한 이야기이다. 인간의 죄는 섹스에서 비롯되고 여기서 선과 악이 서로 부딪히면서 그 길을 잡아간다. 신부나 수사들 같은 독신 시스템이 이렇게 시작되는 것이다. 죄악의 출발점은 섹스에 있다. 특히 남자의 경우 자신의 의지로는 그 욕망을 감당하지 못한다. 쉽지 않겠지만 평소에는 여자에 대한 생각을 억누르고 금욕 생활을 한다고 치자. 하지만 제아무리 고결한 삶을 산다고 할지라도 아침에 발기되는 성기를 어찌 조절할 수 있겠나?

그의 《고백론》은 이런 죄의 근원인 성적 유혹에 대한 참회의 내용으로 가득할 것 같지만 그렇지 않다. 아우구스티누스는 이보다 더 기이한 사건에 대해 고백하고 참회한다. 옆집의 배나무에서 배를 따먹었다는 것이다. 그는 이를 절대악으로 규정한다. 아니 겨우 배 서리 정도가 절대악이라고? 보통 사람이라면 피식 웃으면서 넘어갈 일이다. 하지만 이건 그렇게 간단한 개념이 아니다. 당시 선과 악의 개념은 상호 연관성을 가지고 설명되었다. 악이라는 것은 선을 취하기 위해 하는 행동이다. 모든 악한 행동은 자신의 욕망에서 비롯되는 것이다. 예를 들어 노상강도가 행인을 살인한 것은 악이다. 하지만 그 행위에는 행인을 죽이고 그가 가진 재물을 취하려는 자신만의 선이 있다고 본다. 섹스도 악으로 규정하지만 쾌락을 추구한다는 선이 존재한다. 이렇게 악은 선과의 인과성을 가지고 이루어지기 때문에 항상 그 경계가 모호한 상황에서 발생한다. 배를 훔친 것도 마찬가지다. 배가 고파서 그 허기를 채우기 위한 선에서 발생한 악인 것이다. 그런데 뭐가 문제인가? 그가 배를 훔친 사건은 이런 인과관계에서 발생한 사건이 아니라는 것이다. 그는 유년 시절에 친구들과 운동을 하고 치기가 발동해 옆집에 있는 배나무에 올라가서 배를 모조리 따버린 것이다. 배가 고파 먹기 위한 것이라면 아무 문제가 없는데, 그렇게 딴 배를 모조리 다 길바닥에 버렸다. 자신의 집에 배나무가 없었던 것도 아니다. 이 경우는 엄청난 문제가 된다. 아무런 선이 없이 악을 저지른 사건이기 때문이다. 비록 어린 시절에 저지른 일이긴 하지만, 어떠한 이득도 없는 상황에서 저지른 이 악을 아우구스티누스는 용서할 수 없다는 것이다. 그래서 그는 고백하고 진심을 담아 참회하며 용서를 비는 것이다.

셰익스피어는 아우구스티누스의 고백론을 여기에 끌어오는데, 선악과 사건 대신 카인이 저지른 최초의 살인을 가져온다. 그러나 클로디어스가 형을 죽인 악에는 선이 존재한다. 바로 거트루드에 대한 사랑이다. 거트루드를 차지하기 위해 저지른 악행은 선이라는 인과가 있기에 절대악이 아닌 것이다. 아우구스티누스처럼 인과 없이 배를 훔친 절대악이 아니기에 충분히 용서될 수 있는 행위인 것이다. 그래서 클로디어스는 독백 내내 자비와 용서를 구한다. 왕관도 악을 행하게 한 선에 해당되지만 클로디어스는 대사에서 계속 왕비를 언급한다. 즉 이쪽에 더 큰 방점이 찍힌다는 말이다. 마피아 영화를 보면, 마피아들이 살인을 저지른 후 성당에 가서 신부에게 고해성사를 한다. 이들 역시 이런 클로디어스의 심리와 같다. 전부 아우구스티누스의 《고백론》에 기인한 것이다. 고해성사나 고백이나 영어로는 *confession*이다. 고해성사를 못하고 죽는 것이 당시 사람들에게 얼마나 큰일인지 이제 실감이 난다.

이러면 우리 대본에 있는 "그것 없이는, 그것 없이는, 나는 살 수가 없다…"라며 울부짖는 클로디어스의 "그 것"에 대한 실마리도 풀릴 것 같다. 햄릿이 여기서 클로디어스를 죽이지 못하는 절박한 심정도 이해할 수 있다. 이렇게 멋지게 클로디어스의 '고백론'을 써주고 셰익스피어는 마지막에 반전을 꾀한다. 햄릿이 그를 죽이지 못하고 돌아서서 어머니에게 달려가는 바람에 클로디어스는 참회하는 데 실패하는 것이다.

말들은 허공에 날아오르나,
마음은 진창에 묶여 있으니
마음에 없는 빈말은 **하늘**에 닿지 못한다.

원전의 해석에 충실한 우리 대본이지만 그래도 대사에 볼륨을 좀 더 입히기 위해 원문을 인용하겠다.

My words fly up, my thoughts remain below. Words

without thoughts never to **heaven** go.

우리 대본의 "하늘"은 천국에 해당하는 *heaven*이다.
햄릿이 이 구절을 들었으면 땅을 치고 통곡할 일이다.

무대를 기다리며

우리 대본에서는 클로디어스의 고백 장면으로 2막이 시작한다. 막이 오르면서 울려 퍼지는 클로디어스의 목소리가 만들어내는 효과는 강력하다. 2016년에는 정동환 배우가 연기했고, 2022년에는 유인촌 배우가, 2024년에는 정동환 배우와 길용우 배우가 맡는다. 두 번째 하는 역할이라 그런지 정동환 배우는 여유가 있다. 한데 정동환 배우는 마침 연습 기간과 모노드라마 〈카라마조프의 형제들〉 공연이 겹쳐 네 시면 먼저 자리를 뜬다. 그러다보니 이 참회 부분을 거의 하지 못한다. 하루는 연출에게 2막부터 하자고 조른다. 연출이 처음에는 거부하더니 결국 받아들인다. 아마도 이 부분이 클로디어스에게는 가장 힘든 부분일 것이다. 하지만 배우에게는 매우 매력적인 대사임이 틀림없다. 호레이쇼 역의 박윤희 배우도 이 부분을 매우 좋아한다고 한다. 이 대사를 듣고 있으면 클로디어스가 전혀 나쁜 놈이라는 생각이 안 든다고. 그러면 성공한 것이다.

1막 2장 왕의 대관식에는 거의 모든 캐릭터가 등장한다. 왕은 포틴브라스 문제를 처리하기 위해 노르웨이로 사신을 보낸 후 레어티즈에게 말을 건넨다. 머리와 심장, 손과 입을 비유로 들면서 자신은 폴로니어스와 막역한 사이이니 원하는 것을 말하라고 한다. 그리고 프랑스로 돌아가겠다는 레어티즈에게 자신의 허락보다 아버지의 허락이 먼저 필요하다며 폴로니어스에게 의견을 물어본다. 이런 것으로 미루어 보아 클로디어스가 왕이 되는 데 폴로니어스의 도움이 매우 컸을 거란 생각이 든다. 햄릿 선왕이 살아 있을 때부터 친분이 있었을 가능성이 있다. 그렇지 않더라도 나라와 궁전을 다스리는 데 국무 대신인 폴로니어스가 절대적으로 필요해 왕위에 오르면서 커다란 딜을 했을 수도 있다.

2022년 공연 당시 폴로니어스를 폴란드에서 망명한 왕족으로 설정한 바 있다. 그렇게 한 것은 그의 이름과 관련 있다. *Polonius*라는 이름에서 그가 폴란드 출신임을 자연스레 추론할 수 있다. 나중에 포틴브라스가 폴란드를 침공하러 가기 위해 길을 내어달라고 했을 때 허용하는 과정에서도 폴로니어스가 내밀하게 작업했을 가능성이 있다. 이런 것만 보더라도 폴로니어스는 궁중의 환관 같은 사람이 아니다. 햄릿 선왕, 클로디어스, 그리고 포틴브라스 선왕과 동급의 인물인 것이다. 그래서 클로디어스도 그를 대하는 태도가 신중할 수밖에 없다. 비록 정중하게 표현하지만 폴로니어스는 왕에게 자신이 허락했으니 레어티즈를 보내달라고 한다. 대관식 장면에서 왕이 긴 독백을 하면서 대사 중간중간 폴로니어스를 바라보며 신경을 좀 더 쓰는 장면을 연출하면 그의 위상이 더 높아질 수 있다. 그리고 폴로니어스도 막후 실력자로서 왕의 시선 앞에서 예의를 갖추되 비굴하지 않게 분위기를 잡아가면 될 것이다.

햄릿과 왕의 대화를 듣고 있는 폴로니어스의 태도도 매우 중요하다. 햄릿과 오필리어의 관계를 다 알고 있는 폴로니어스다. 그가 햄릿이 왕과 왕비에게 보이는 불손한 태도에 제재를 가하고 싶어 하지만 그럴 수 없다는 낌새를 관객이 눈치채면 더욱 좋다. 햄릿도 그런 낌새를 채고 있다면 금상첨화다. 이게 그의 죽음에 대한 복선이 되는 것이다. 대관식 장면 이후 햄릿과 폴로니어스는 계속 갈등을 겪는다. 폴로니어스는 죽기 전까지 클로디어스보다 햄릿과 더 많이 갈등하고 부딪치는 인물이다. 햄릿은 이런 폴로니어스를 의심한다. 그리고 그의 능력을 가장 잘 알기에, 자신이 미친 척하고 있다는 걸 그에게 들킬까봐 더욱 신경 쓴다. 친구인 로젠크란츠와 길덴스턴은 자신이 가지고 놀 수 있는 수준의 인물이지만, 폴로니어스는 그리 만만한 사람이 아니다. 그렇기에 햄릿은 일부러 더 진지하게 미친 모습을 보여준다.

셰익스피어는 1막 3장과 2막 1장 두 장의 무대를 폴로니어스의 집으로 설정하고, 왕궁과 같은 무게를 가지고 이 장을 다룬다. 이 정도면 그의 비중은 더 설명하지 않아도 될 것이다.

1막 3장에서 폴로니어스는 집으로 들어오면서 레어티즈와 오필리어에게 연달아 잔소리를 늘어놓는다. 일종의 왕위 수업이다. 2막 1장은 폴로니어스의 장場이다. 그는 하인인 레이날도를 프랑스로 보내 레어티즈를 감시하게 한다. 일반인은 주로 하인을 통해 편지나 용돈을 전달하는 데 그치는데, 폴로니어스의 감시는 예사롭지 않다. 귀한 몸이니 경거망동하지 말고 때를 잘 기다리고 있어야 한다는 속내를 보여주는 부분이다. 폴로니어스는 왕실 예절만이 아니라 세상 돌아가는 데에도 환한 사람이다. 타국인 프랑스의 사정까지 환하게 꿰고 있다. 정말 산전수전 다 겪은 캐릭터인 것이다. 이런 점 때문에 많은 프로덕션에서 폴로니어스를 우스운 캐릭터로 등장시켜 재미를 좀 봤다. 하지만 원전의 폴로니어스는 그런 사람이 아니다. 조심하자. 미친 햄릿을 만난 오필리어를 달래는 장면의 폴로니어스는 자상하고 딸을 진심으로 사랑하는 캐릭터이다. 자신의 야망을 위해 딸을 이용하는 것이 아니다. 딸을 정말 사랑해서 그녀를 햄릿과 맺어주려는 것이다. 사랑하는 딸이 그저 햄릿의 놀이감이 되어서는 안 되기에 딸에게 햄릿의 편지를 돌려주고 그를 가까이 하지 말라는 명령을 내린 것이다.

2막 2장에서 폴로니어스는 왕을 찾아간다. 먼저 오필리어 이야기를 꺼내지 않고 노르웨이에서 돌아온 사신 이야기부터 시작한다. 그리고 햄릿이 미친 원인을 알아냈다며 왕을 안심시킨다. 왕이 햄릿을 의심하는 것을 알고 있기에 그러는 것이다. 그는 신중에 신중을 기한다. 왕에게 먼저 사신을 만나서 포틴브라스 건을 들으라고 한다. 물론 폴로니어스는 결과가 좋다는 것을 이미 사신에게 들어 알고 있다. 일단 왕과 왕비의 기분을 풀어놓는다. 여기서는 왕보다 왕비의 기분을 상하게 하면 다 틀어지기에 말을 빙빙 돌린다. 혹시라도 왕비가 오필리어를 미워하면 안 된다. 그래서 자신이 딸에게 햄릿을 만나지 말라고 해서 햄릿이 상사병에 걸리는 바람에 이 모든 일이 벌어진 것이라며 혹시라도 있을 비난의 화살을 자신에게 돌린다.

이를 증명하기 위해 햄릿과 대면한 폴로니어스는 확증 편향에 차서 상황을 제대로 파악하지 못한다. 햄릿의 신중한 광인 연기도 영향을 미쳤겠지만, 이렇게 한번 확신하면 다른 정황은 일단 제쳐놓는 것이 그의 문제다. 여기서부터 폴로니어스의 영민함은 길을 잃는다. 이 부분 역시 딸에 대한 사랑이 담겨 있다면 관객에게 웃음만 제공하는 게 아니라 다른 감정도 전달할 수 있을 것이다.

극중극 배우들을 데리고 오는 장면을 보면 폴로니어스는 정말 연극 전문가 같은 면모가 있다. 이미 그는 햄릿이 사랑 때문에 미쳤다고 생각하기 때문에 연극을 볼 생각에 들뜬 상태이기도 하다. 그래서 햄릿의 엉뚱한 대사 중간중간에 맞장구를 치는 것이다. 하지만 거꾸로 햄릿은 이 연극을 이용해 진실을 밝히려고 한다. 여기서 햄릿과 폴로니어스의 모습이 대비된다. 두 사람 다 연극광이며 조예가 깊다. 그래서 연극을 두고 약간 라이벌 의식도 느끼는 것처럼 보인다.

폴로니어스의 착각은 3막 1장에서 오필리어를 곤경에 빠트리고, 이를 지켜보는 아버지의 마음은 찢어질 것만 같다. 그렇지만 딸을 사랑하는 폴로니어스는 오필리어를 햄릿과 정식으로 맺어주려는 노력을 포기하지 않는다. 이는 연극 공연 중에도 계속된다. 하지만 연극이 파국으로 끝나고 햄릿의 장난에 놀아났다는 것을 깨달은 폴로니어스는 왕비를 이용한다. 아직도 자신의 생각이 틀렸다는 것을 인정하지 못한다. 이런 그의 착각은 왕비마저 위험에 빠트리고, 왕비를 구하기 위해 도움을 요청하다 햄릿의 손에 죽는다. 마지막에 자신이 잘못했다는 것을 깨닫고 위험을 무릅쓰고 혼신의 힘을 다해 고함쳐야 그의 진심이 전해질 것이다. 그래야 햄릿의 죄책감이 더 무겁게 다가온다. 그리고 이어지는 장면에서 햄릿은 이런 죄책감을 전부 거트루드에게 쏟아버린다.

폴로니어스를 연기한 배우들

2016년.. 박정자

2022년.. 정동환

2024년.. 남명렬, 박지일

폴로니어스의 무거움에 대하여

hamlet school

2022년 어느 날 연습 직전에 정동환 배우가 찾아와 이런 질문을 던졌다.

"난 폴로니어스가 우스꽝스러운 역할이 아니라고 생각해. 오히려 로마의 철학자 같은 느낌이 있는 것 같아. 우리 대본을 따라 읽다보면 결이 광대의 느낌이 나지만, 난 최대한 심각한 폴로니어스를 만들어보려고 하는데 어떻게 생각해?"

맞는 말이다. 나와 연출이 같이 공부하면서 내린 결론도 비슷하다. 폴로니어스는 절대로 웃기는 역할이 아니다. 기존의 햄릿을 연기하던 영국 배우들이 주목받기 위해 욕심을 부리느라 광대식으로 연기를 하다보니 이런 선입관이 만들어진 것뿐이다. 그가 소화해야 하는 긴 분량의 대사들을 생각해보라. 잔소리치고는 너무 방대하다. 특히 그가 아들 레어티즈에게 들이는 공은 상상을 초월한다. 프랑스로 떠나기 전에 개인적으로 한 번 불러서 당부했는데 오필리어와 작별하는 레어티즈를 발견하자 또다시 당부를 건넨다. 한데 그 내용이 당부라기보다는 윤리학 개론에 나올 법한 것들이다. 아들에 대한 관심은 여기서 끝나지 않는다. 프랑스에 돌아간 아들을 감시하기 위해 레이날도라는 스파이를 보낸다. 그냥 감시만 시키는 것이 아니라 주변 정보를 모아서 보고하게 한다. 그러면서 레이날도에게 정보 수집 방법까지 세세하게 일러준다.

왜 이렇게 아들에게 공을 들이는 것인가? 아들에게만 그러는 것이 아니다. 나중에 폴로니어스의 파멸을 불러오는, 딸 오필리어에게 들이는 공도 상상을 초월한다. 이번 공연에서 폴로니어스 역을 맡은 박지일 배우가 폴로니어스와 오필리어가 대본보다 더 친밀했으면 좋겠다고 한다. 그래야 나중에 이 집안의 비극이 더 가슴 아플 것 같다는 것이다. 맞는 말이다. 당연히 그래야 한다.

연극 〈햄릿〉은 세 가문이 중심이 되어 벌어지는 이야기이다. 노르웨이의 포틴브라스 가문, 덴마크 왕실인 햄릿 가문, 그리고 덴마크의 기둥과도 같은 폴로니어스 가문이다. 이 세 집안의 이야기를 빼면 아무것도 남지 않는다.

한데 우리 대본에는 포틴브라스 가문이 등장하지 않는다. 남은 것은 두 가문이다. 사이좋게 화합해서 일이 풀리면 좋겠지만, 어디 연극이 그런가? 갈등이 폭발한다. 아니 폭발해야 한다.

주인공인 햄릿은 폴로니어스, 오필리어 그리고 마지막에는 레어티즈와 갈등을 벌인다. 사실 갈등이라고 하기도 뭐하다. 이 가문의 인물 모두가 햄릿에게 작살난다. 햄릿만 그들을 파멸시킨 게 아니다. 클로디어스와 거트루드도 이들과 충돌한다. 큰 틀에서 보면 우리 〈햄릿〉은 시작부터 끝까지 햄릿 가문과 폴로니어스 가문의 충돌이다.

이런 갈등의 주역인 폴로니어스가 광대 역할을 할 리 없다. 그는 왕의 카운셀러이다. 왕은 모든 대소사를 폴로니어스와 의논해서 처리한다. 연극에서뿐만 아니라 전사에서도 매우 중요한 인물인 것이다.

지도를 펼치고 그림을 크게 보자. 원래 〈햄릿〉은 북유럽에서 벌어지는 전쟁을 기반으로 진행된다. 햄릿 선왕이 벌인 덴마크와 노르웨이의 전투. 이를 복수하려는 노르웨이. 그리고 덴마크를 침략하기 전에 눈속임으로 폴란드를 침공하는 포틴브라스. 폴란드와 폴로니어스는 관계가 있다. 이름은 함부로 짓지 않는 법이다. 그의 이름에 괜히 폴란드가 들어 있을 리 없다. 폴로니어스는 폴란드에서 망명한 왕족일 가능성이 매우 크다. 이런 폴로니어스이기에 덴마크 왕위에 관심이 없을 수 없다. 폴로니어스, 가볍게 보지 말자. 무서운 인물이다!

무대를 기다리며

뒤돌아보면 드라마트루기 노트를 가장 열심히 읽은 배우들은 폴로니어스 역의 배우들인 것 같다. 2016년에는 박정자 배우가, 2022년에는 정동환 배우가, 그리고 이번에는 남명렬 배우가 그랬다. 2022년 박정자 배우가 아끼는 젊은 연출에게 전해주고 싶다며 노트를 전부 복사해서 한 부 달라고 요청해 전달했던 적이 있는데, 이번에는 남명렬 배우가 모든 노트를 이메일로 전달받고 싶다고 신시컴퍼니 매니저를 통해 요청했다. 역시 흔쾌히 전달했다. 무서운 배우들!

폴로니어스가 넘어야 하는 네 가지 장애물

햄릿이 오필리어를 사랑해서 미쳤다는 사실(적어도 폴로니어스는 그렇게 믿고 있다)을 폴로니어스가 왕에게 보고할 때, 우리는 그에게서 몇 가지 유형의 캐릭터를 본다. 횡설수설하는 광대, 원숙한 정치인, 아니면 정서적으로 불안한 인간. 하지만 이중 어느 하나를 꼭 집어서 폴로니어스라고 이야기하긴 어렵다. 아니, 최소한 그 시점에서는 이세 가지를 다 가진 사람이 폴로니어스다.

이후의 결과가 잘 풀리든 안 풀리든 그는 불안할 수밖에 없다. 왜냐하면 일생 일대의 도박을 걸었기 때문이다. 혹자는 그가 매우 노회한 정치인이라 자신의 욕망을 위해 자식을 희생물로 삼는다고 생각할 수도 있다. 하지만 그는 가질 것은 다 가지고, 누릴 것은 다 누리고 있는 사람이다. 그런 그에게 걸리는 부분은 딱 하나다. 늙으나 젊으나 부모는 자식들 걱정뿐이다.

자신의 영달을 위해 이런 큰 도박을 벌일 만큼 미련한 폴로니어스가 아니다. 그는 궁정 생활을 누구보다 잘 알고 왕족의 심리도 꿰뚫고 있는 대신이다. 게다가 지금은 왕권이 바뀐 지 얼마 되지도 않았다. 선왕이 죽으면 당연히 햄릿에게 왕권이 돌아갈 것이란 걸 가장 잘 알고 있는 사람이다. 한데 의외의 상황이 벌어졌다. 왕비가 새삼 얼마나 중요한지 깨닫는다. 욕심부려볼 만하다. 게다가 클로디어스는 이미 햄릿이 다음 왕위에 오를 것이라고 선포한 바 있다. 여기에 자식들의 앞날이 보인다. 왕좌가 눈앞에 어른거린다. 한번 도박을 해볼 만한 것이다.

게다가 이번 연극에서 우리는 폴로니어스가 폴란드의 왕족이라고 추측해보았다. 그럼 꼭 덴마크의 왕위일 필요도 없다. 덴마크를 이용해서 폴란드의 왕권을 회복할 수도 있다. 레어티즈를 최소한 폴란드의 왕위에 올리려고 준비하는 과정에서 오필리어가 덴마크 왕실에 들어가면 일은 더욱 쉬워진다.

하지만 그러기 위해서는 그가 넘어야 할 장애물들이 있다. 어떤 문제들이 있는지 한번 살펴보자.

첫 번째는 왕과 왕비가 그의 말을 믿지 않을 수 있다는 것이다. 그래서 그는 햄릿의 편지를 들고 간다. 편지의 진위 여부는 알 수 없다. 실제 햄릿이 쓴 것인지 폴로니어스가 조작한 것인지 알 수 없다. 햄릿이 자신이 쓴 게 아니라고 주장한다 해도 이미 미친 상태의 햄릿이 하는 말이라 신빙성이 떨어진다. 충분히 가능한 일이다.

두 번째는 편지에서 보이는 대로 오필리어가 햄릿을 미치게 만든 주원인이라고 왕과 왕비가 화낼 수 있다는 것이다. 물론 이것은 폴로니어스의 생각이다. 사랑 때문에 미친 것이라면 왕과 왕비는 오히려 편안할 수 있다. 왕은 햄릿이 왕위를 빼앗겨서 미친 것이라고 생각해 불안한 것이고, 왕비는 자신이 결혼해서 그런 걸까봐 불안해한다. 이들의 이런 심리를 알고 폴로니어스가 사랑을 들고 나왔을 수도 있다. 하지만 그렇다고 보기에는 사랑이 원인이라는 폴로니어스의 확신이 너무 확고하다.

세 번째는 오필리어와 햄릿의 사랑을 방해해서 햄릿을 미치게 만든 것이 폴로니어스라는 점을 왕과 왕비가 비난할 수 있다는 것이다. 이런 연유로 폴로니어스는 자신이 오필리어에게 내린 조치에 대해 장황하게 설명한다.

마지막은 앞으로 자신이 벌일 계획에 왕과 왕비가 믿고 따라올 것인가 하는 문제이다. 이를 해결하기 위해 그는 자신의 목과 지위를 전부 건 게임을 벌인다. 매우 위험한 이 게임에 햄릿은 더욱 조여오는 압박감을 느낀다. 결국 이렇게 폴로니어스는 돌아올 수 없는 다리를 건너고 만다.

무대를 기다리며

2022년 폴로니어스 역의 정동환 배우가 오더니 대본에 없는 대사를 뱉어낸다. 알베르 카뮈의 《시시포스의 신화 Le Mythe de Sisyphe》에 나오는 구절이라고 한다. 일종의 배우 예찬이라고 하는데 〈햄릿〉에 나온다고 한다. 젊은 시절부터 이 부분이 좋아서 외웠는데 우리 대본에는 없으니 원전 어디에 있는지 좀 알려달라고 부탁한다. 비슷한 부분이 얼른 눈에 띄지 않는다. 그래서 나는 집에 가서 찾아보고 알려드리겠다고 하고 일단 물러선다. 배우 예찬이라고 해서 배우들 장면만 뒤지다보니 찾지 못한 것이었다. 배우 예찬이 아니라 호레이쇼 예찬이다. 극중극이 시작되기 전, 햄릿이 왕의 변화를 감시해달라고 호레이쇼에게 부탁하기에 앞서 호레이쇼를 칭찬하는 부분이다.

아니, 내가 아부하는 게 아니야. 뭐 얻을 게 있다고 아부하겠나? 당신이 수입이 있어, 모아놓은 재산이 있어? 가진 거라고는 선량한 영혼뿐이잖아. 그 영혼이 당신을 먹이고 입히고 하는 거지.

Nay, do not think I flatter; for what advancement may I hope from thee, that no revenue hast but thy good spirits to feed and clothe thee?

없는 놈들에게 누가 아부 따위를 하겠어?
Why should the poor be flatter'd?

그럴 리가 없지. 사탕발림은 지 혼자 잘난 줄 아는 놈들에게 하는 거고, 무릎을 굽히는 건 아부해서 돈 좀 챙기려는 거라고.
No, let the candied tongue lick absurd pomp, and crook the pregnant hinges of the knee where thrift may follow fawning.

들어봐. 내 영혼은 선택하는 데 어떤 영향도 받지 않고 스스로 사람들을 선별해서 구별한다고. 그런 내 영혼이 선택한 사람이 바로 당신이야.
Dost thou hear? Since my dear soul was mistress of her choice, and could of men distinguish her election, Sh'hath seal'd thee for herself.

왜냐하면 당신은 모든 고통스러운 환경에서도 전혀 고통받지 않는 사람이니까. 운명이 내려치는 싸대기와 운명이 내어주는 보상을 군소리 없이 둘 다 고마워하면서 받아들이는 사람이란 말이지. **피와 판단이 아주 잘 조합되어서 운명의 손가락이 움직이는 대로 소리나 내는 피리 따위가 되지 않는 사람들은 신의 축복을 받은 거야.**

For thou hast been as one, in suff'ring all, that suffers nothing; a man that Fortune's buffets and rewards hast ta'en with equal thanks; and **blest are those whose blood and judgment are so well commeddled that they are not a pipe for Fortune's finger to sound what stop she please.**

열정의 노예가 아닌 그런 사람이 있다면 나에게 줘봐. 그러면 심장의 중심, 아니 내 심장의 심장에 그를 간직하고 평생 살아갈 테니. 내가 당신을 이렇게 간직하는 것처럼.

Give me that man that is not passion's slave, and I will wear him in my heart's core, ay, in my heart of heart, as I do thee.

이 이야기는 이제 그만하자. 오늘 밤 왕 앞에서 연극을 공연할 거야.

Something too much of this. There is a play tonight before the King.

강조한 부분이 정동환 배우가 부탁했던 내용이다. 후에 손숙 배우 데뷔 60주년 기념 공연에서 정동환 배우를 만났는데 나를 보자마자 이 구절을 외우면서 알은체를 하신다. 이게 배우들의 인사법인가보다.

오필리어 성격 분석
세상 외로운 오필리어
hamlet school

오필리어는 1막 3장에 자신의 집에서 처음 등장한다. 프랑스로 돌아가는 오빠를 배웅하는 장면이다. 동생과 햄릿의 관계가 걱정스러운 레어티즈는 떠나기 전 장장 한 페이지에 달하는 잔소리를 늘어놓으면서 동생에게 경고한다. 하지만 어느날 갑자기 햄릿이 오필리어에게 사랑을 고백한 것이 아니다. 이미 전부터 사랑하는 사이라 소 귀에 경 읽기나 다름없다. 오필리어는 오빠나 잘하라면서 둘러댄다. 레어티즈가 잔소리를 하는 동안 오필리어가 어떤 태도를 취할지가 중요하다. 오빠의 이야기를 하나하나 경청하면서 반응할 것인가? 듣는 둥 마는 둥 할 것인가? 대부분 햄릿에 관한 이야기이니 햄릿을 떠올리면서 반응하면 될 것 같다.

이어 레어티즈에게 잔소리하는 폴로니어스에게 오필리어가 반응하는 방식 역시 다양할 수 있을 것이다. 어떤 부분은 아버지 편에서, 어떤 부분은 오빠 편에서 반응하면 동생과 딸로서 이 집에서 차지하는 다양한 역할을 보여줄 것이다. 레어티즈가 떠나고 햄릿에 관한 이야기가 나오자 이번에는 아버지가 딸에게 잔소리를 시작한다. 여기서도 역시 오필리어는 햄릿이 바로 옆에 있는 것처럼 적극적으로 변호해야 한다. 결국 아버지의 뜻을 따라 햄릿에게 거리를 두지만, 이것이 자신의 의사가 아니라는 게 나중에 더 명확해진다. 목소리가 커지는 아버지를 만류하는 제스처를 써도 좋을 것 같다. 그러면 바로 이어지는 햄릿과 호레이쇼가 선왕 유령을 만나는 장면과 좋은 대비를 이룰 것이다. 아버지를 잃은 햄릿이 더욱 외로워지는 효과도 있다. 아무튼 이 부분만이 오필리어의 순수한 장밋빛 사랑을 보여줄 수 있다. 여기서 햄릿을 사랑하고 있다는 것을 최대한 보여주어야 한다.

2막 1장에서 오필리어가 미친 척하는 햄릿을 만나고 나서 아버지에게 달려온다. 아버지가 시킨 대로 햄릿을 멀리했더니 이런 결과가 나왔다고 아버지에게 하소연하는 오필리어는 여전히 햄릿에 대한 사랑이 절절하다. 두려워하면서도 햄릿의 광기를 잘 전달해야 하는 것이 오필리어의 역할이다. 햄릿에 대한 연민과 자신 때문에 미친 것이라는 죄책감이 잘 녹아 있어야, 폴로니어스가 이제 자신이 원하는 대로 왕실과 자연스럽게 연결될 수 있는 기회가 생겼다고 오해할 수 있다.

3막 1장에서 오필리어는 아버지와 함께 왕과 왕비를 만난다. 그리고 왕과 폴로니어스는 오필리어와 햄릿이 만나는 장면을 숨어서 지켜본다. 원전에는 이때 햄릿이 등장하면서 "사느냐 죽느냐" 대사를 하고 오필리어를 발견한다. 우리 대본의 두드러진 점은 바로 이 부분이다. 햄릿의 "사느냐 죽느냐" 대신에 오필리어의 소위 "사느냐 죽느냐"식의 대사가 새로이 추가되었다. 배삼식 작가의 오필리어에 대한 오마주 같은 것이 느껴진다. 햄릿이 등장하면서 이런 대사를 하고 있는 오필리어를 발견하는 것이 우리 대본이다. 이에 대해서는 다음 장에서 따로 설명하겠다. 이어서 그 유명한 "수녀원으로나 가" 장면이 나온다. 아버지의 명령에 따라 햄릿에게 덫을 놓은 오필리어의 갈등과 죄책감이 보여야 한다. 그리고 오필리어가 자신을 배신했다고 생각한 햄릿의 광기 어린 독설에 망연자실한 오필리어는 결국 무너져버린다. 여기서 세상 외로운 오필리어의 캐릭터가 보인다.

이런 절망을 겪은 오필리어는 3막 2장에서 햄릿이 연

출하는 연극을 햄릿과 같이 본다. 조금 전 광기를 보였던 햄릿이 아무 일 없었다는 듯이 오필리어의 무릎을 베고 연극을 관람하면서 왕의 변화를 살핀다. 오필리어는 미친 햄릿을 안쓰러운 태도로 대해야 한다. 같이 노닥거리면서 연극을 볼 수 있는 심정이 아니다. 아니면 비난하는 태도도 생각해볼 수 있다. 한데 이러면 햄릿이 전처럼 폭발할 수 있다는 심리적인 불안함도 느껴야 한다. 배우의 결정이 중요하다. 연극 종반부에 왕은 퇴장하고 햄릿은 흥분해 날뛴다. 오필리어는 여기서 햄릿이 미쳤다고 단정한다. 그러면 4막 5장에서 오필리어가 미치는 것에 개연성이 생긴다.

4막 5장에서 햄릿이 아버지를 죽였다는 사실을 알고 미쳐버린 오필리어가 부르는 노래에는 햄릿이 있고, 폴로니어스가 있다. 떠나간 사랑을 이야기하다 죽은 사랑이 나온다. 뜨거운 사랑 이야기와 버림받은 사랑 이야기가 나온다. 사실 이 장면을 보며 왕과 왕비는 매우 불안해한다. 이런 비밀을 감추기 위해 거트루드가 오필리어를 죽인 것으로 설정하는 프로덕션도 꽤 있다. 그래서 왕비를 불안하게 만드는 식으로 오필리어를 연기하기도 한다. 우리 배우도 한번 생각해볼 만하다. 이어 오필리어는 꽃을 들고 등장해 레어티즈를 비롯해 여러 사람에게 나누어주면서 자신의 운명을 노래한다. 이 장면에서 레어티즈는 슬픔과 분노를 폭발시킨다. 오필리어는 여기서 마음껏 미치고, 마음껏 사랑하고, 마음껏 슬퍼하면 된다. 어떤 식으로 해도 관객은 눈물을 흘릴 준비가 되어 있다.

주의할 점은 오필리어는 여염집 처녀가 아니라는 것이다. 오필리어가 연극 초반에 등장할 때 폴란드의 왕가 출신이라는 점을 염두에 두고 연기하면 그녀의 마지막이 더욱 충격적일 것이다. 이는 다음 장면에서 오필리어가 물에 빠져 죽었다고 레어티즈에게 이야기하는 거트루드의 대사에도 영향을 미친다.

오필리어를 연기한 배우들

2016년.. 윤석화

2022년.. 박지연

2024년.. 루나

셰익스피어 원전에서 오필리어는 미치기 전에는 자신의
생각을 제대로 표현하지도 못한다. 오빠와 아버지에게
복종하고, 햄릿에게는 갖은 험한 꼴을 당하다가 결국 미
친 다음에야 종달새가 되어 진실을 노래에 담아 사람들
에게 전파한다. 이후 나뭇가지에 앉아 노래하다 떨어져
물의 요정이 된다. 이런 오필리어의 죽음은 많은 예술가
들에게 영감을 주었다. 18세기 이후 상징주의 화가들의
그림들을 보면 햄릿보다 오필리어에 관한 그림들이 압도
적으로 많다.

그녀의 상징성은 기실 그녀의 이름에 다양하게 내포
되어 있다. 원래 Q1 판본에 오필리어는 그리스식 이름
인 *Ophelia*가 아니라 라틴어식 이름인 *Ofelia*로 되어 있

다. 처음에 작가가 그녀를 어떤 캐릭터로 생각하고 썼는지를 보여준다. *Ofelia*는 *O felia*, 즉 *O, filia!*를 연상시킨다. "오 내 딸아!"라는 뜻이다. 한데 Q2 판본부터는 이름이 그리스식으로 바뀐다. 그러면서 발음은 같지만 다른 의미가 추가된다. 그리스어에는 영어의 *O*에 해당하는 모음이 o와 ω, 두 개이다. 먼저 장모음인 오메가ω를 사용하면 $\omega\varphi\varepsilon\lambda\iota\alpha$가 된다. 영어의 *help*에 해당한다. 아버지를 돕는 오필리어일 수도, 외로운 햄릿에게 도움을 요청받는 오필리어일 수도 있다. 하지만 단모음인 오미크론o을 사용하면 $o\varphi\varepsilon\iota\lambda\omega$, 즉 영어로 의무duty 또는 복종obligation을 의미한다. 딸로서 동생으로서 복종하는 오필리어. 마지막으로 감탄사에 해당하는 '오!'를 떼어내면 우정과 사랑이란 뜻의 $\varphi\iota\lambda\iota\alpha$가 된다. 이때는 햄릿을 사랑하는 오필리어가 된다. 그리고 신기하게도 우리는 작품에서 이 모든 의미가 포함된 오필리어를 만나게 된다.

이런 오필리어가 자신의 목소리를 내지 못한 채 사라지는 것이 못내 아쉬웠던지 배삼식 작가는 원전에는 없는 기나긴 독백을 추가했다. 다른 모든 긴 독백과 마찬가지로 여기에도 안티테제 시스템이 존재한다. 즉 같은 톤으로만 긴 독백을 이끌어나가지 말라는 주문이다. 원전에 없는 것이라 복잡하긴 하지만 나누어 설명해보겠다. 하지만 배우가 꼭 이 방식을 따를 필요는 없다. 본인이 느끼고 나누어 갖가지 색을 입히는 것이 최선이다.

1. 문제 제기

여기서 난 무얼 하고 있지?

본인 스스로 문제 제기를 하고 있다. 자신이 무슨 일을 하는지 모른다.

2. 위치 제기

왕궁의 이 어두운 복도에서?

왕궁이라는 특정 장소를 지칭하면서 어두운 복도라고 덧붙인다. 즉 덴마크 왕실의 어두운 부분을 강조하고 복도라는 텅 빈 공간성을 내세우면서 마치 어두운 사막에서 길을 잃은 이미지를 연상시킨다. 배우는 왕궁이 자신이 있어야 하는 곳인지 아닌지 결정할 필요가 있다. 아버지는 오필리어가 왕궁에서 햄릿의 아내로 지내길, 후에는 왕비가 되기를 바라는 마음을 가지고 있다. 하지만 오필리어 본인은 그저 햄릿만 있으면 된다. 왕궁은 오히려 부담스럽다. 할 수만 있다면 햄릿과 둘이서 먼 곳으로 떠나고 싶다. 하지만 아버지의 바람을 알고 있기에 어쩔 수 없이 여기를 선택해야 한다. 이런 미묘한 마음을 왕궁이라는 장소에 담으면 된다. 이들이 폴란드의 망명 왕족이라는 우리의 전사를 생각해보자. 어린 시절부터 오필리어는 아버지에게 자신들이 돌아가야 할 곳은 왕궁이라는 이야기를 수없이 들었다. 늙은 홀아버지의 희망을 내칠 수 없는 상황이다. 이런 마음 상태라면 나중에 오필리어가 미친 상황에서 햄릿과 아버지를 암시하는 노래를 부르는 것이 전혀 이상하지 않다.

3. 상황 제기

깊은 숲속 나무 등걸에
사냥꾼들이 줄로 묶어
미끼로 던져놓은 강아지처럼
오도가도 못한 채, 서성거리며
다가올 호랑이를 기다리는구나.

궁전에서 숲속으로 위치가 전환되고, 이어서 사냥이라

는 안티테제가 등장한다. 오필리어는 자신이 미끼가 되어 덫에 걸린 상황을 안타까워한다. 자신을 강아지로, 햄릿을 포식자인 호랑이로 비교하면서 자신에게 다가올 운명을 감지한다.

4. 피봇

소름이 끼친다.

호랑이가 다가와 자신의 운명을 파멸로 이끌 것이라는 걸 관객이 느끼게 해야 한다.

5. 안티테제

휘장 뒤에 숨어 나를 지켜보는 저 눈들.

오필리어가 소름 끼쳐하는 것은 호랑이가 아니라 휘장 뒤에 숨어 있는 자신의 아버지와 왕의 음모다. 이렇게 우리의 오필리어는 햄릿만큼 통찰력이 있는 여인으로 등장한다. 그리고 자신이 무슨 짓을 하는지도 알고 있다.

6. 기다림과 상황 설명

하지만 너무 빤한 수작 아닌가.
그분이 찾아와도 문을 닫아걸고 만나주지 않던 내가,
지금 여기서 그분을 기다린다? 하!
우스워라. 내가 무엇을 증명해야 하지?
그분의 사랑이, 그분의 광기가,
나 때문이라는 것을?

이미 오필리어는 자신이 미끼로서 가치가 없다는 걸 파악하고 있다. 아버지의 계획에 따라 복종하긴 하지만, 그것이 아무런 의미가 없음을 알고 있다.

7. 미니 안티테제

만약 그렇다면? 그렇지 않다면?

햄릿의 "사느냐 죽느냐"와 매우 유사한 구조이다.

8. 미니 신테제

어느 쪽이든 내 가슴은 찢겨지겠지.

역시 햄릿의 "그것이 문제다"에 해당한다.

9. 부정에 이어지는 테제

하지만 아니야,
그분이 마지막 나를 찾아왔을 때,
그래, 마지막처럼, 그 얼굴,
그 눈빛.

그녀는 햄릿이 자신을 사랑한다고 믿는다. 최소한 관객
은 그렇게 생각할 수 있다.

10. 안티테제

그건 사랑도, 광기도 아니야,
그것은 깊은 슬픔.

그녀는 슬픔이라는 새로운 주제를 꺼낸다. 여기서 피봇
은 "그건"이 될 수 있다.

11. 새로운 두려움

난 그 슬픔이 무언지 몰라,
어디서 오는지 몰라,
무서워 떨고만 있었지.

다른 이들은 햄릿이 왜 미쳤는지 몰라서 두려워하고 그
이유를 밝혀내려고 하지만, 그녀는 햄릿이 왜 슬퍼하는지
몰라서 두려워한다.

12. 두려움에 대한 안티테제

그때, 그저 말없이 안아줄 수 있었다면!

그녀는 햄릿의 슬픔을 해결해주지 못하는 자신이 두려
운 것이다.

13. 희망이라는 테제

지금이라도! 그분이 오신다면!

지금 햄릿이 등장하면 그녀는 그를 안고 그 슬픔을 달래주겠다는 의지와 희망을 보인다.

14. 절망이라는 안티테제

하지만 나는 꼭두각시,
사냥꾼이 던져놓은 미끼,
아버지가 써준 각본대로,
그분 가슴에 비수를 꽂아야 해.
낑낑거리며 짖어대야 해.
호랑이가 사나운 이빨을 드러내고
날 물어뜯을 때까지.
내 가슴이 피를 흘릴 때까지.

딸로서의 의무감 때문에 슬픔에 찬 햄릿을 배반해야 하는 상황에 절망한다. "하지만"을 피봇으로 사용할 수 있다.

15. 사랑과 포기라는 신테제

그때에야 나는 알게 될까?

내가 그분을 사랑했는지, 사랑하는지.

난 이제 아무것도 모르겠어.

왜 내가 이런 연기를 하고 있는지,

어쩌면 그분도. 그렇다면

그분 뒤에는 누가 있는지,

왜 내가 여기 서성이고 있는지.

삶이라는 고통에서 벗어날 수 있는 죽음이라는 해결책을 알면서도 죽음 이후에 올 미지의 세계에 대한 두려움으로 삶이라는 고해를 선택하는 햄릿과 마찬가지로 오필리어는 햄릿을 슬픔에서 구원해야 하는 것을 알지만 사랑이라는 미지의 두려움으로 그 모든 것을 포기한다.

무대를 기다리며

2016년 이 노트를 받아본 오필리어 역의 윤석화 배우가 나에게 다가와서 이렇게 말하는데 칭찬인지 비난인지 구별이 안 된다. "내가 우리 박 선생 때문에 논문을 써도 될 것 같아!"

육 년 후에 다시 만난 윤석화 배우가 내게 셰익스피어 말고 다른 작품에는 관심이 없느냐고 묻는다. 어쩌다 내가 셰익스피어 전문가라고 알려졌는지 모르겠다. 다른 작품들도 많이 하지만 내가 드라마트루기를 받아들이는 단하나의 원칙이 있다. 작가의 부재. 작가가 이미 죽어서 세상에 없거나, 외국 작품이라 한국에 작가가 올 수 없는 경우다. 이런 원칙에 들어맞는다면 다 가능하다고 설명드린다. 그러자 〈파우스트〉는 어떠냐고 묻는다. 〈파우스트〉라면 아무 문제 없다. 나의 졸저 《베를린 천 개의 연극》에서 이에 대해 설명한 적도 있다. 이제 본론이 나온다. 자신이 런던에서 뮤지컬 〈파우스트〉를 올리려고 기획 중인데 영국 배우들과 작업해야 하기 때문에 영어가 되는 드라마트루크가 필요하다고 한다. 윤석화 배우가 생각해보라고 해서, 나는 아직 시간이 있으니 일단 준비는 하고 있겠다고 승낙했다. 〈파우스트〉는 햄릿보다 더 복잡한 작품이다. 한 일 년은 준비해야 한다. 그러고 보니 육 년 전에 했던 말은 칭찬이었다. 지금 윤석화 배우는 투병 중이다. 기적적으로 건강을 회복하기를 기도할 뿐이다.

누가 오필리어를 죽였는가?

hamlet
school

런던의 테이트갤러리 숍에 가면 사람들이 길게 줄을 서 있다. 바로 존 에버렛 밀레이John Everett Millais의 〈오필리어〉 포스터를 집에 모셔두고 싶어서 그러는 것이다. 눈을 뜬 채 노래하면서 물속으로 빠져 들어가는 오필리어 주위에 여러 가지 꽃들이 흩어져 있고, 냇가 주변에도 꽃이 피어 있다. 거트루드가 레어티즈에게 그녀의 죽음을 설명할 때 나온 모든 꽃이 그려져 있다. 모든 것이 거트루드가 설명한 그대로이다. 매우 사실적인 이 그림을 보고 있으면 〈햄릿〉의 내용을 몰라도 슬픔이 밀려온다. 여기서 보이는 오필리어는 미친 여자가 아니라 자신을 포기한 여인이다. 아무리 자살이라고 해도 물에 빠져 죽어가는 사람이 한 번도 허우적대지 않고 그저 물속으로 빠져 들어간다? 있을 수 있는 일인가? 최소한 거트루드의 설명에 따르면 가능하다. 원전과는 조금 다르지만 우리 대본을 한 번 보자.

(고즈넉하게) 맑은 냇가, 거울 같은 물결 위에,
흰 그림자 드리운 수양버들 가지 위로,
오필리어는 올라갔지요.
미나리아재비, 쐐기풀, 들국화, 나리꽃,
곱게 엮은 화관을 손에 들고,
꼭대기로, 우듬지로, 자꾸만 올라갔어요.
오필리어, 너는 종달새가 아니야,
가느다란 실가지는 너를 견디지 못해.
가지는 끝내 부러지고,
그 아이는 물 위로 떨어졌어요.
화관을 두 손에 꼭 쥔 채.
입고 있던 옷이 꽃처럼 피어,
그 아인 잠시 물 위에 떠 있었지요.
그렇게 누워 그 아인 노래를 흥얼거렸어요.
그 아이 얼굴은 더없이 편안했지요.
처음부터 물에서 태어났던 것처럼.
물을 머금은 옷이 무거워지고,

노래하며, 천천히, 천천히,

그 아인 물밑으로, 진흙 속으로,

빨려 들어갔어요.

존 에버렛 밀레이의 〈오필리어〉는 죽음에 대한 태도를 설명할 때 많이 사용되는 그림이다. 죽음은 우리 연극에서 매우 중요한 부분이니 설명해보려고 한다.

프랑스의 독특한 역사학자 필리프 아리에스Philippe Ariès는 유럽인들의 죽음에 대한 태도 변화에 대한 역사를 기술했다. 먼저 중세시대부터 18세기까지는 **길들여진 죽음** la mort apprivoisée이 받아들여졌다고 한다. 사람들은 죽어가면서 자신의 죽음을 덤덤하게 받아들인다. 르네상스 시대에는 예루살렘을 향해 몸을 돌리고 하늘을 바라보며 자신의 삶을 참회하는 의식이 일반적이었다. 유명한 《롤랑의 노래》에 나오는 롤랑의 죽음이 여기에 해당한다. 〈햄릿〉의 선왕 유령도 참회를 못하고 죽었기 때문에 문제가 되는 것이다. 그리고 죽음의 의식도 거행된다. 주변의 가족들과 친구들이 죽어가는 사람의 임종을 지키면서 우리 모두 저세상에서 만날 것이니 슬퍼하지 말자고 위로한다.

두 번째는 **자신의 죽음**la mort de soi이다. 이런 태도는 주로

11~12세기에 나타난다. 주로 최후의 심판처럼 죽음을 집단화하는 형태로 나타난다. 혼자가 아니라 다른 죽은 이들과 함께 심판을 받는 것이 중요하다. 그래서 아르스 모리엔디ars moriendi라는 죽음의 기술技術이 등장한다. 심판에 도움이 될 수 있는 잘 죽는 법을 판화로 그려서 보급했다. 죽어가는 사람 앞에 성모마리아와 악마가 나타나서 영혼을 자신의 편으로 끌어들이려고 서로 경쟁하는 구도이다. 악마의 유혹을 물리치고 성모마리아의 도움으로 구원받는 것으로 끝나야 한다. 이런 시각에서 등장하는 그림들이 트랑시transi 같은 시체와 죽음의 춤 같은 그림들이다. 우리 대본에는 없지만 원전 1막 1장에서 호레이쇼가 유령의 등장에 대해 설명하면서 로마시대에 무덤에서 튀어나오는 시체들을 언급한다. 그것이 트랑시이다. 우리가 알고 있는 개념으로 하면 좀비 정도가 비슷할 것 같다. 우리 대본에도 햄릿이 유령에게 "그대는 왜 수의를 찢고 뛰쳐나왔는가? 육중한 그대의 돌무덤은 왜 다시 그대를 토해내었는가?"라고 묻는 장면이 있다. 바로 이 장면이 이것과 연관된다.

세 번째 태도는 **너의 죽음**la mort de toi이다. 15세기 말에서 18세기까지 성행한 태도인데 다소 에로틱한 형태를 띤다. 사랑하는 사람의 죽음을 받아들이는 태도는 앞서의 절제

된 형태가 아니라 낭만적으로 바뀌어간다. 임종을 대하는 태도도 매우 소란스럽다. 울고불고 난리가 난다. 그만큼 너를 사랑한다는 말이다. 로미오와 줄리엣도 여기에 해당되고, 우리 오필리어의 죽음도 여기에 해당된다. 그러다보니 죽어가는 사랑하는 이의 모습도 아름답게 꾸며야 한다. 오필리어의 무덤에서 레어티즈와 햄릿이 벌이는 소란도 '너의 죽음'에 해당한다. 존 에버렛 밀레이의 〈오필리어〉는 '너의 죽음'을 상징하는 대표적인 그림이기도 하다.

마지막은 **금지된 죽음**la mort interdite이다. 이러한 태도는 19세기 후반에 시작되어 20세기에 확고하게 성립된다. 죽음은 더 이상 아름답게 묘사될 수 없다. 공포가 지배하면서 죽음은 터부taboo가 되어버린다. 그리고 사람들은 더 이상 자신의 집에서 식구들이 지켜보는 가운데 죽지 못하고 병원에서 생을 마감하거나 혼자서 쓸쓸히 죽어간다. 어떤 면에서 보면 햄릿 선왕의 죽음이 여기에 해당할 수도 있다. 17세기에 가장 공포스러운 형태의 죽음을 맞이한 것이다.

다시 존 에버렛 밀레이의 〈오필리어〉로 돌아가자. 나는 여기서 화가가 아름답게 죽어가는 오필리어를 그리려고 한 것만은 아니라고 생각한다. 이 장면을 그대로 재현하면서 이게 가능한 것인지 묻고 싶었을 것이다. 누군가가 목격하지 않았다면 이런 사건을 이렇게 자세히 설명할 수 없다. 거트루드는 마치 그녀의 죽음을 목격한 사람처럼 이야기한다. 그러면서 최대한 아름답게 표현하려고 노력한다. 보통 한국 독자들은 멜랑콜리에 잠겨 이 부분을 시처럼 읽어가지만, 21세기를 살고 있는 나는 이 지점을 이해할 수 없다.

그녀가 죽는 장면을 목격한 사람은 거트루드뿐이다. 그럼 그녀는 오필리어가 죽어가는 것을 보면서도 그냥 두었다는 이야기다. 지나가던 사람도 누군가 물에 빠진 모습을 보면 구하려고 뛰어들지 않는가? 한데 거트루드는 죽어가는 오필리어의 모습을 감상하면서, "너 참 아름답게 죽는구나" 하고 시를 읊는다. 만일 이 장면을 혼자가 아니라 여럿이 목격했다면 더 이해할 수 없다. 사람들이 손 놓고 지켜만 보고 있다?

여기서 영국 독자와 우리나라 독자의 견해가 완전히 갈린다. 서양의 독자들은 거트루드가 오필리어를 죽였다고 믿는다. 직접 죽였을 수도 있고, 그녀의 죽음을 방관했거나 누군가 그녀를 구하려고 했을 때 제지했을 것이라고 생각한다. 그럴 경우 왕비의 대사는 불쌍한 오필리어를 위해 순수하게 애도하는 내용이 아닌 것이다. 우리가 거짓말을 한다고 생각해보자. 아이가 학교에 숙제를 해가지 않았다. 상황을 모면하기 위해 집에서 키우는 개가 다 물어뜯었다고 이야기하면 선생님이 안 믿을 게 뻔하다. 그래서 아이는 엉엉 울면서 디테일을 추가한다.

"아버지가 진도 사는 삼촌 집에 갔다가 선물로 진돗개를 한 마리 얻어왔는데 너무 귀여워서 데리고 놀다 제가 잠이 들어 밥을 안 주었더니 우리 진돗개 진순이가 그만 주말 내내 한 숙제를 물어뜯어버렸어요."

왕비는 이런 유의 디테일을 추가한다. 그리고 레어티즈는 분노와 절망을 이기지 못하고 뛰쳐나간다. 우리 대본에는 없지만, 원전에는 왕이 왕비를 책망하는 이런 구절이 나온다.

내가 레어티즈를 달래려고 얼마나 노력했는데 이게 뭐 하는 짓이오? 처음부터 다시 해야 되잖소.
Let's follow, Gertrude. How much I had to do to calm his rage? Now fear I this will give it start again. Therefore let's follow.

이 부분을 보면 왕은 왕비가 사실을 이야기하지 않는다는 것을 눈치채고 있다고 해석할 수 있다. 이러면 레어티즈가 자살한 오필리어를 기독교식으로 매장하자고 무리하게 주문하는 것도 이해가 된다. 어떤 식으로 죽었든 오필리어의 죽음은 가장 비극적이면서 눈물을 쏟게 만드는 장면이다. 우리는 실제로 이 장면을 목격할 수 없다. 그저 거트루드의 설명만 있을 뿐이다. 그리고 이러한 설명을 시각적으로 보여준 것이 존 에버렛 밀레이의 〈오필리어〉이다. 그런 이유로 어떤 프로덕션은 거트루드가 설명할 때 이 그림을 무대에 바로 올린 적도 있다. 하지만 우리는 전적으로 거트루드의 대사에만 의존해서 이 장면을 떠올리고 눈물 지어야 한다. 그래서일까, 거트루드는 대사 초반에 울면서 곡하는 것을 상징하는 나무인 수양버들willow을 언급한다.

우리 식으로 좋게 해석하면 오필리어가 물에 빠져 죽어가는 것을 거트루드가 목격했지만 차마 도와줄 수 없었을 것이다. 미친 오필리어가 살아서 무슨 좋은 세월을 보겠는가? 그저 저세상에서 제 아비와 편하게 쉬는 것이 최선이리라. 장례라도 제대로 치를 수 있게 자살이 아니라 발을 헛디뎌서 물에 빠진 사고사로 위장해줄 수는 있다. 하지만 교회는 그 말을 믿지 않는다. 그저 왕비의 부탁이니 기도는 해주지만, 정식으로 장례를 치르는 것은 거부한다. 레어티즈는 슬퍼서 울고, 이를 본 햄릿도 진짜로 미친

듯이 운다. 이렇게 오필리어의 죽음은 서양사에서 '너의 죽음'의 시대를 여는 상징으로 표현된다.

무대를 기다리며

2024년 〈햄릿〉의 오필리어는 가수 출신인 루나가 맡는다. 나는 가요나 팝송을 거의 듣지 않아 처음 듣는 이름이다. 주변 사람들에게 루나라고 하니, 모두 놀라운 반응을 보인다. 아이돌 그룹 출신이라며 f(x)를 모르느냐고 되묻는다. 내가 알 리 없다. 졸지에 나는 이상한 놈이 되어버린다. 전체 연습이 끝난 뒤 개별 연습을 앞두고 배우들과 저녁을 먹는데 루나 배우가 〈복면가왕〉 2대 가왕이라고 한다. TV를 보지 않아도 너무 유명한 프로그램이라 그 명성은 알고 있었는데 놀랍다. 다음 날 연출에게 그 말을 했더니, 연출도 놀란다. 그러더니 루나 배우를 불러 노래 부분을 잘해보라고 격려한다. 2022년 박지연 배우가 오필리어 역을 할 때는 노래에 너무 신경 쓰지 말라고 하더니 의외다. 박지연 배우도 연기를 잘했는데, 루나 배우 역시 처음 하는 연극인데도 연기가 예사롭지 않다. 연출의 말에 따르면 진심으로 연기한다고 한다. 기대가 많이 된다.

〈햄릿〉에서 가장 강렬한 캐릭터는 레어티즈이다. 4막 5장에서 그는 아버지의 죽음을 알고 반군을 이끌고 들이닥친다. 이미 분기탱천한 상태인데, 동생 오필리어가 미친 것을 목격하고 분노에 슬픔과 연민이 더해진다. 이어 4막 7장에서 오필리어가 죽었다는 것을 왕비에게 들으면서 슬픔의 강도가 몇 배로 커진다. 5막 1장에서는 초라한 동생의 장례식 때문에 동생 무덤에 뛰어들 정도로 슬픔이 극에 달한다. 이때 등장한 햄릿으로 인해 분노 역시 극에 달한다. 이보다 감정이 최고조에 달할 수 없다. 햄릿은 이런 레어티즈를 보고 나중에 자신의 상태를 이입하면서 공감하기까지 한다.

이런 극한 감정을 폭발시키는 캐릭터는 드물다. 햄릿

이 간절히 원하는 마음과 행동도 바로 이런 것이다. 하지만 처음부터 이런 캐릭터를 가지고 갈 수는 없다. 아버지의 죽음과 어머니의 재혼을 생각하면 햄릿도 이렇게 폭발해야 하는데 그러지 못한 것을 비교하기 위해 셰익스피어가 일부러 이런 설정을 만들었다고 볼 수도 있다. 셰익스피어 이전에 쓰인 다른 〈햄릿〉에는 이런 설정이 없다. 셰익스피어는 처음부터 햄릿과 비교하기 위해 레어티즈라는 인물을 만든 것이다.

햄릿과 레어티즈는 1막 2장에서 함께 등장한다. 클로디어스는 자신의 왕위를 위협할 수 있는 두 사람을 다른 방식으로 대한다. 이런 것만 봐도 레어티즈는 왕위에 충분히 오를 수 있는 위엄을 가진 존재로 등장해야 한다. 폴로니어스가 레이날도를 보내 아들을 감시하게 하는 장면이 암시하듯, 레어티즈가 프랑스에 유학을 간 것도 왕위 수업의 일환이다. 덴마크의 왕위는 계승되는 것이 아니라 선거를 통해 결정된다. 일정 자격만 갖추면 이 선거전에 참여할 수 있다. 선왕이 죽은 후 아들인 햄릿이 아니라 동생 클로디어스가 왕위에 오르는 것을 지켜본 폴로니어스는 당연히 그런 마음을 먹을 수 있다. 이런 연유로 2022년에 폴로니어스를 덴마크에 망명한 폴란드 왕족으로 전사를 설정한 것이다. 따라서 이 첫 장면에서 레어티즈는 햄릿과 비교될 만한 왕자로서의 품위를 보여야 한다. 그래야 바로 이어지는 햄릿의 왕과 왕비에 대한 비아냥과 대비될 수 있다.

1막 3장에 등장하는 레어티즈와 오필리어의 대화는 바로 그 전에 있었던 의심과 분노에 찬 햄릿의 대사와 대비된다. 레어티즈는 햄릿을 의심한다. 순진한 오필리어를 꼬드겨서 그저 재미만 보고 말 것이라고 동생에게 경고한다. 하지만 이것은 분노 때문이 아니라 오필리어에 대한 사랑 때문에 하는 경고이다. 물론 햄릿의 방탕한 젊은 시절을 잘 안다는 것도 보여줘야 하지만, 그보다 동생을 진정으로 위하는 마음이 드러나야 할 것이다. 그래야 나중에 오필리어를 잃었을 때의 슬픔이 더 크게 보인다. 의심과 사랑을 어떻게 적절하게 섞느냐가 관건이다.

레어티즈가 오필리어에게 이렇게 잔소리를 늘어놓고 있는데, 폴로니어스가 나타나서 아들에게 또다시 잔소리를 한다. 장차 귀하게 될 자식을 위한 금과옥조 같은 잔소리이다. 이 잔소리를 어떻게 받아들이느냐는 것도 레어티즈의 캐릭터 형성에 중요하다. 장난스럽게 받아들이면서 가족 간의 친밀함을 보여줄 것인가? 반복되는 잔소리라 지겨워하면서도 진지하게 받아들여 귀족의 면모를 보여줄 것인가? 전자라면 좀 가벼워 보일 것이고, 후자라면 너무 진지해 보일 것이다. 두 가지가 적절하게 섞이면 될 것 같다. 사실 말하기는 쉽지만 매우 어려운 일이라 배우에게 미안하기도 한 주문이지만 충분히 해결할 수 있는 고민이다.

레어티즈가 이렇게 떠나야지 후에 폴로니어스가 오필리어를 이용해 왕실에 접근하려는 계획에 개연성이 생긴다. 레어티즈는 2막 1장에 등장하지 않지만 폴로니어스가 레이날도에게 하는 대사에서 그가 얼마나 레어티즈에게 정성을 쏟는지가 드러난다. 아버지의 이런 관심은 단순히 욕심 때문만은 아니다. 원전을 자세히 분석해보면 레어티즈와 오필리어에게 어머니가 없다는 걸 알 수 있다. 여기에 이 가족이 끈끈하게 결합할 수밖에 없는 이유가 있다. 그래서 4막 5장과 4막 6장에서 레어티즈는 왕의 계획에 놀아나는 것처럼 보인다. 하지만 여기에도 매우 복잡한 감정이 존재한다. 레어티즈는 복수 때문에 왕의 계획대로 움직이긴 해도 칼에 독을 발라 햄릿을 죽이는 일은 그리 달가워하지 않아야 한다. 비록 5막 1장에서 햄릿을 보고 흥분해서 죽이려 들지만, 5막 2장의 결투 장면에서 이성을 찾은 레어티즈는 햄릿을 제대로 공격하지 못한다. 그의 고귀한 성품은 독이라는 비열한 수단을 받아들일 수 없기 때문이다. 이런 상황이 개연성을 얻으려면 앞에서 레어티즈의 캐릭터가 충분히 설명되어야 한다. 그렇지 않으면 마지막에 죽어가면서 참회하는 레어티즈가 뜬금없을 수 있다.

레어티즈의 등장으로 연극 후반부는 매우 다이내믹해진다. 어찌 보면 그가 후반부의 주인공이라고 할 수도 있다. 분노와 슬픔으로 가득 찬 레어티즈는 관객의 공감을 한껏 끌어내야 한다. 이 남매에 대한 연민에 관객석은 눈물바다를 이룬다. 하지만 그 극한의 분노와 슬픔 뒤에는 기품이 서려 있어야만 한다. 그렇지 않으면 그저 아버지의 죽음으로 인해 쿠데타를 일으킨 복수의 화신이 간교한 왕의 꼬임에 빠져 우매한 죽음에 이르는 것으로 보일 위험이 있다.

레어티즈를 연기한 배우들

2016년.. 전무송

2022년.. 박건형

2024년.. 양승리, 이충주

의심의 유전자, 레어티즈

폴로니어스는 레어티즈가 프랑스에 있는 동안에는 감시할 수 없다는 것이 불안한 나머지 결국 스파이를 보낸다. 마찬가지로 레어티즈는 자신이 프랑스에 있는 동안 동생을 감시할 수 없다는 데 불안해한다. 원래 덴마크인이 믿을 수 없는 인간들이라 그런 건가? 아니면 이 가족의 유전자에 불신의 코드가 새겨져 있는 것인가? 아무튼 이 불신의 고리는 한 가족과 덴마크 왕실을 에워싸고 있다.

셰익스피어는 레어티즈의 과보호를 노골적으로 보여주면서 복선으로 사용하고 있다. 레어티즈는 동생의 도덕관에 집착하면서 햄릿의 의도를 의심하고 있다. 이 부분은 나중에 중요한 역할을 한다. 따라서 이 장면은 관객의 마음에 도장을 찍듯이 각인되어야 한다.

우리 대본에는 빠졌지만, 원전에서 레어티즈는 오필리어에게 계속 편지로 상황을 보고하라고 요구한다. 그리고 햄릿의 의도를 계속 동생에게 설명하며, 사랑을 받아들였는데 햄릿이 떠나면 그녀가 어떻게 망가질 수 있는지 겁을 주면서 동생의 희망을 깨뜨려버리려고 한다. 오필리어는 오빠의 말을 주의해서 듣지만, 이내 속내를 간파하고 그의 위선을 비난한다. 바람도 피워본 놈이 피운다.

여기까지는 2016년에 썼던 글로, 이들을 덴마크인으로 규정했다. 한데 2022년에는 폴로니어스 일가를 망명한 폴란드 왕족으로 설정했더니 한결 이 의심의 느낌이 강해진다. 타국에서 살아남기 위해 이들은 주변의 눈치를 살피고 상황에 맞는 대책을 강구해야 한다. 특히 폴로니어스는 권력에 관심이 지대한 인물이다. 레이날도에게 전화해♣ 레어티즈 감시를 지시하는 장면에서 폴로니어스 역의 정동환 배우가 이런 전사를 제안한다. 폴로니어스도 프랑스에서 살아본 인물이라는 것이다. 레어티즈처럼 유학을 했을 수도 있고, 아니면 폴란드 왕실에서 파견한 외

♣ 원전에서는 폴로니어스가 레이날도와 대화하면서 감시를 지시하지만 우리 대본에서는 배경이 현대라 전화로 지시를 내린다.

교관이었을 수도 있다. 프랑스의 사정에 정통하기 때문에 레이날도에게 세세한 것까지 지시할 수 있다는 것이다. 재미있다. 그러니까 전화 장면이 더 실감나게 다가온다.

이 가족에게는 또 다른 전사가 있다. 어머니의 부재이다. 우리는 암묵적으로 레어티즈와 오필리어의 어머니가 죽은 것으로 설정했다. 하지만 어떻게 죽었는지는 정하지 않았다. 하지만 어머니의 죽음은 분명 이들의 의심 많은 성격에 영향을 미쳤을 것이다. 레어티즈가 오필리어에게 햄릿을 조심하라고 당부하는 마음에 어머니의 죽음에 얽힌 그림자가 깔려 있다면 긴 대사의 밀도가 높아질 것 같다. 게다가 레어티즈와 햄릿은 매우 친한 사이였다. 레어티즈가 햄릿을 술집이며 사창가로 데리고 다닌 장본인일 수 있다. 햄릿은 레어티즈를 형처럼 생각하며 따랐을 가능성이 농후하다. 이런 레어티즈라 햄릿에 대해 매우 잘 알고 있다. 게다가 지금은 햄릿의 아버지가 죽고 어머니가 재혼을 한 상황이다. 자신도 어머니가 죽은 후에 비슷한 심정이었을 것이다. 햄릿이 자포자기의 심정으로 몸을 막 굴릴 것이라는 것은 명확하다. 자신의 어머니를 꼭 닮은 동생 오필리어가 이 상황에 엮이게 할 수는 없다. 불안할 수밖에 없다.

한데 이번에는 연출이 밝은 분위기의 남매를 요구한다.

의심하는 기미를 보여주기가 더 어려워졌다. 세상에 사연 없는 가족은 없다. 아무리 사이좋아 보이는 가족도 베일을 한 꺼풀 벗겨내면 상처가 덕지덕지 달라붙어 있다. 그 딱지를 떼어내면 아플 수밖에 없다. 그 상처에 연고를 발라주며 위로하는 밝음이면 될 것 같다.

무대를 기다리며

　루나 배우가 레어티즈와 오필리어의 등장 장면 대사들이 잘 이해되지 않는다며 레어티즈 역의 양승리 배우, 이충주 배우와 함께 원문 분석을 요청한다. 저녁을 먹고 같이 원문을 낭독하면서 분석해준다. 젊은 배우들이라 영어 대본에 거부감이 없다. 한결 일하기가 편하다. 분석하면서 다시 보니 레어티즈가 오필리어에게 말할 때 *thou*가 아니라 *you*라는 대명사를 쓴다. 함부로 막 대하지 않는 것이다. 레어티즈뿐만 아니라 폴로니어스도 오필리어를 *you*라고 호칭한다. 반면 폴로니어스는 레어티즈를 부를 때 *thou*를 쓴다. 이런 분위기까지 설명해주니, 우리 대본에서 발견하지 못했던 부분을 배우들이 바로 포착해낸다. 다행이다. 게다가 이충주 배우는 영어가 이렇게 아름다운 줄 몰랐다며 좋아한다.

레어티즈의 분노는 어떻게 가라앉는가?

레어티즈는 이 연극에서 가장 불쌍한 인물이기도 하다. 아버지, 오필리어 그리고 마지막에는 자신마저 목숨을 잃는다. 2022년에 레어티즈 역을 맡은 박건형 배우는 자신은 아버지의 죽음을 알고 복수심에 차서 마치 석유를 끼얹고 들어오는 듯한 사람인데 갑자기 잠잠해진다는 것이 이해되지 않는다고 툴툴대기도 했다. 우리 대본만 본다면 그럴 수도 있다. 생략된 부분들이 있어서 그렇다. 그럼 그 생략된 부분을 메꾸면 된다.

　우리 연극에서는 레어티즈 혼자 뛰어 들어오지만 원래는 군중을 몰고 들어온다. 그의 대사를 보자.

　이놈의 왕은 어디 있는가? 여러분들은 전부 밖에서 기다려주시오.

Where is this King? Sirs, stand you all without.

왕을 먼저 찾는다. 그리고 같이 온 사람들에게 밖에서
기다리라고 한다. 여기서 *without*은 *outside*라는 뜻이다.
하지만 흥분한 군중은 그럴 수 없다.

아니, 그럴 수 없습니다. 자, 쳐들어갑시다!

No, let's come in!

군중이 이렇게 외치면서 레어티즈를 밀며 궁으로 들어
온다. 자신감과 고귀함을 동시에 갖춘 레어티즈는 리더십
을 발휘해 일단 군중을 진정시킨다.

제발 나에게 맡겨주시오.

I pray you give me leave.

그러자 군중은 순순히 받아들인다.

기꺼이 그리하겠습니다, 기꺼이!

We will, we will!

레어티즈는 이들에게 감사의 표시를 한 다음 문을 막고 지켜달라고 부탁하면서 외친다.

고맙습니다, 여러분. 문을 지켜주세요. 오, 이 간악한 왕, 내 아버지를 내놓아라!

I thank you. Keep the door. **O thou vile king, give me my father!**

우리 대본은 여기서 시작하는 것이다.

아, 이 간악한 자! 내 아버지를 내놓아라!

왕이 자신의 아버지를 살해했다고 생각해서 하는 대사이다. 그동안 그렇게 이용해먹고 이리저리 달콤한 미끼를 던지던 왕이다. 심지어 자신이 프랑스로 돌아갈 때 격려와 함께 포옹을 해주던 왕이다. 폴로니어스 일가는 새로운 왕에게 충성을 다짐하면서 많은 도움을 주었다. 한데 아버지가 의문의 죽음을 맞이했다는 소식이 들린다. 게다가 성대한 장례식이 거행된 것도 아니다. 프랑스에 있는 자신에게 알리지도 않고 땅에 그냥 묻어버렸다. 처음에 분출되는 레어티즈의 분노에는 아버지에 대한 사랑이 담겨 있다. 그리고 이 모든 의문점을 풀어야 하는 것도 레어티즈의 목표다. 여기서 풀리지 않으면 이들을 전부 죽일 수도 있다. 밖에는 자신의 병사들이 왕궁을 에워싸고 있는 상황이다. 일단 왕비가 레어티즈를 진정시키려고 한다.

진정해요, 레어티즈!
Calmly, good Laertes.

레어티즈가 이 대사를 받는다.

진정? 어떻게 진정할 수 있단 말입니까? 그럴 수 있다면, 난 폴로니어스의 아들이 아니오! 개아들놈이지 창녀의 자식이지!
That drop of blood that's calm proclaims me bastard; cries cuckold to my father; brands the harlot even here, between unsmirched brow of my true mother.

여기서도 모든 상황을 아버지와 연관시킨다. 아버지뿐만 아니라 어머니도 끌어들인다.

내 피가 한 방울이라도 진정한다면 그 핏방울은That

drop of blood that's calm 나를 사생아라고 선포하는 것 proclaims me bastard이라고 한다. 자신이 이 상황에서 마음을 누그러뜨린다면 폴로니어스의 아들이 아니라는 것이다. 여기서 끝나지 않는다. 그 핏방울은 내 아버지에게 오쟁이 쓴 놈이라고 외친다cries cuckold to my father고 말한다. 엄마가 바람나서 아버지가 놀림감이 된다는 뜻으로 *cuckold*를 사용했다. 우리 대본은 "개아들놈"이라고 의역했다. 아직도 그 잠잠한 핏방울의 역할은 끝나지 않았다. 레어티즈는 자신의 이마 가운데를 가리키면서(even here이라고 말하며 동작을 취한다) 엄마를 닮은 자신의 순수한 눈썹 사이에between unsmirched brow of my true mother 그 잠잠한 핏방울이 창녀라고 낙인을 찍는다 brands the harlot고 말한다. 우리 대본에서는 "창녀의 자식"으로 표현했다. 이 대사는 왕비에게 하는 것이라기보다 밖에서 문을 지키고 있는 이들에게 들으라고 하는 대사다. 물론 분노를 못 이긴 상태이므로 당연히 목소리가 커질 수밖에 없다. 게다가 거트루드의 진정하라는 말 한마디에 분노가 가라앉는다면 꼴은 우스워진다. 밖에서 그를 기다리는 동료들이 어떻게 생각하겠는가? 이쯤 되면 왕이 개입하지 않을 수가 없다.

거트루드, 물러서요. 나는 떳떳하니까. 두려워할 것 없소.
말해봐라, 레어티즈. 무슨 일인가?

What is the cause, Laertes, that thy rebellion looks so
giant-like? Let him go, Gertrude. Do not fear our person.
There's such divinity doth hedge a king that treason can
but peep to what it would, acts little of his will. Tell
me, Laertes, why thou art thus incensed. Let him go,
Gertrude. Speak, man.

이 정도로 간단하게 레어티즈를 진정시킬 수는 없다.
원문은 구체적이다.

네 반역이 이렇게 거인처럼 커다란 모습을 한 이유가
뭔가?What is the cause, Laertes, that thy rebellion looks so
giant-like? 엄청난 소란이 벌어졌으니 이런 말이 나오는
것이다. 2022년 공연에서 연출이 분노 게이지를 높이라고
한 것도 이 부분 때문일 것이다.

그를 놔줘요, 거트루드Let him go, Gertrude. 아마도 거
트루드가 레어티즈를 잡고 있어서 이 표현을 썼을 것이
다. 우리 대본에서는 "거트루드, 물러서요"로 표현했다.
이러면 거트루드가 레어티즈를 막아서고 있다고 생각할
것이다. 하지만 원문에 따르면 다른 옵션도 존재한다.

내 걱정은 마시오Do not fear our person. 우리 대본에는 "두려워할 것 없소"로 되어 있다.

이어서 왕은 신이 보호하고 있어서 반역 정도가 자신을 어찌할 수 없다There's such divinity doth hedge a king that treason can but peep to what it would, acts little of his will고 큰소리친다.

그러면서 레어티즈에게 왜 그렇게 불같이 화가 났느냐 Tell me, Laertes, why thou art thus incensed고 묻는다. 우리 대본은 이 부분을 밍밍하게 "말해봐라, 레어티즈, 무슨 일인가?"로 표현한다. 클로디어스 연기가 참 힘들 것 같다. 하지만 아직도 거트루드가 레어티즈를 막고 있는 모양이다.

왕은 다시 거트루드에게 레어티즈를 놔주라Let him go, Gertrude고 하고, 레어티즈에게 말해보라Speak, man고 명령한다.

레어티즈는 오로지 아버지 생각뿐이다.

내 아버님은 어디 있소?
Where is my father?

돌아오는 클로디어스의 대답은 간단하다. 더 설명해봐

야 그를 자극할 것이 뻔하다. 차근차근 레어티즈를 설득해야 한다. 먼저 명료한 사실만 밝힌다.

돌아가셨네.
Dead.

그리고 나서 원전에서는 거트루드가 클로디어스를 보호하기 위해 재빠르게 다음과 같은 대사를 한다. 그만큼 상황이 급박한 것이다. 햄릿을 보호해야 하는데도 불구하고 일단 눈앞의 불부터 끄려고 무의식중에 한 대사인 것이다.

그가 죽인 것이 아니오.
But not by him!

하지만 고고한 척해야 하는 클로디어스는 일단 거트루드의 개입을 막는다. 자칫하면 엉뚱한 곳으로 불똥이 튈 수도 있다.

그가 원하는 것을 말하게 하시오.
Let him demand his fill.

뭘 알고 싶은 건지 어서 말을 해보라고 한다. 우리 대본에는 이런 것들이 생략되었다. 아버지가 죽었다는 대답에 레어티즈는 누가 죽였는지 추궁한다. 클로디어스가 자신은 아니라고 발뺌하자 레어티즈는 재차 누가 죽였는지 말하라고 재촉하면서 분노 게이지를 올린다.

그럼 누구요? 어서 말하시오! **충성? 자비? 양심?** 그 따위 것들은 이제 나에게 없어. 왕이든, 왕의 할애비든, 그 어떤 놈이든, 아버지의 원수를 갚겠다! 그놈이 악마라면, 지옥 끝까지라도 쫓아가서 복수하겠다! 그놈에게 복수할 수 있다면, 악마의 손이라도 기꺼이 잡겠다! 아무도 나를 막지 못해! 온 세상이 나의 적이라 해도 물러서지 않겠다.

How came he dead? I'll not be juggled with: to hell, **allegiance! Vows**, to the blackest devil! Conscience and **grace**, to the profoundest pit! I dare damnation. To this point I stand, that both the worlds, I give to negligence, let come what comes; only I'll be revenged most thoroughly for my father.

원전의 뉘앙스는 우리 대본과 거의 비슷하지만 앞부분은 조금 차이가 있다.

누가 죽였는지가 아니라 어떻게 죽었는지How came he dead?를 묻는다. 그리고 자신을 속일 생각은 하지 말라I'll not be juggled with고 한다. 자신은 아버지처럼 클로디어스의 농간에 놀아나지 않겠다는 말이다. 그리고 아버지가 평소에 자신에게 강조하던 덕목들에 저주를 퍼붓는다. **충성은** 지옥으로to hell, allegiance! **맹세는** 시커먼 악마에게 Vows, to the blackest devil! **양심과 자비는** 깊은 지옥의 구덩이로Conscience and grace, to the profoundest pit! 이걸 우리 대본은 간단하게 "충성? 자비? 양심? 그 따위 것들은 이제 나에게 없어"로 바꾸었다. 역시 아버지와 관련된 것으로 받으면 된다.

난 기꺼이 지옥으로 가겠다I dare damnation. 이 세상이건 저세상이건 난 어찌 되건 알 바 아니다To this point I stand, that both the worlds, I give to negligence, let come what comes. 오직 아버지의 복수만 하겠다only I'll be revenged most thoroughly for my father면서 분노를 터트린다. 역시 밖에 있는 사람들에게 들려야 하는 내용이다. 여기서 왕은 단계적으로 그의 분노를 가라앉히려고 대사를 던진다.

누가 너를 막을 수 있겠느냐?

Who shall stay you?

레어티즈는 복수를 다짐하며 의지를 다진다.

내 의지 이외에는 아무도 날 막을 수 없다. 모든 수단을 동원해서 복수하겠다.
My will, not all the world! And for my means, I'll husband them so well, they shall go far with little.

이 부분이 우리 대본의 "아무도 나를 막지 못해! 온 세상이 나의 적이라 해도 물러서지 않겠다"에 해당된다. 그러자 슬슬 왕은 자신의 목적을 드러내기 시작한다. 그래 레어티즈, 네 아버지의 죽음의 원인을 알고 싶다면 복수하더라도 이건 알아야 된다Good Laertes, if you desire to know the certainty of your dear father's death, is't writ in your revenge, 그렇게 아무나 다 싸잡아서 보복하면that, swoopstake 네 친구와 적 둘 다 없애는 것인데, 그게 복수에 성공한 걸까 실패한 걸까you will draw friend and foe, winner and loser? 그러자 레어티즈는 왕이 준비한 덫으로 조금씩 넘어온다.

아니 적들만 죽일 것이오.

None but his enemies.

왕은 덫으로 발을 들인 레어티즈에게 올가미를 거는 작
업을 시작한다.

그럼 그 적들이 누군지 알고 싶지?

Will you know them then?

이제 레어티즈는 스스로 그 올가미를 뒤집어쓴다.

내 아버지의 친구들은 두 팔을 벌려 환영하고 펠리컨처럼
내 피를 그들에게 먹일 것이다.

To his good friends thus wide I'll ope my arms and, like
the kind life-rendering pelican, repast them with my
blood.

펠리컨은 새끼들에게 자신의 피를 먹여서 키운다는 속
설에서 나온 표현이다. 사실은 펠리컨의 입속이 피처럼
붉어 새끼에게 먹이를 먹이는 어미 펠리컨이 오해받는 것
이다. 중세에는 펠리컨이 예수의 상징이기도 했다. 여기

서 레어티즈의 말은 아버지의 친구들에게는 자신의 피를 바쳐서라도 보상하겠다는 뜻이다. 이쯤 되면 왕의 시스템적인 작업은 끝났다. 본론으로 들어간다.

자, 이제야 착한 아이처럼 말을 듣는구나. 그래야 진짜 신사지. 난 네 아버지의 죽음에 무고하다. 그리고 네 아버지의 죽음에 가장 고통스러운 사람이 나다. 곧 이 사실은 명명백백하게 네 눈앞에 드러날 거야. 그러면 넌 곧 알게 될 거다. Why, now you speak like a good child and a true gentleman. That I am guitless of your father's death, and am most sensibly in grief for it, it shall as level to your judgment pierce as day does to your eye.

이런 복잡한 과정을 우리 대본은 하나로 이어서 설명한다.

그렇지, 누가 너를 막을 수 있겠느냐? 암, 그래야지. 그래야 **아들이지**. 내게도 **너와 같은 아들**이 있었다면…… 레어티즈, 너는 아느냐, 나의 비통함을? 네 아버지의 죽음에 나는 무고하다. 네 **아버지가** 나에게 그랬듯이, **나는 너의 충직한 벗이니라.** 그래, 지금은 아무 말도 믿을 수 없겠지. 허나 너는 곧 알게 될 게야. 나의 진심을. 너의 원수가 누구인지.

　이렇다보니 레어티즈 역의 배우는 혼란스럽다. 연출이 여기서 분노를 약간 풀라고 했는데 이 대사로는 어떻게 풀 방법이 없다. 원전대로 클로디어스가 단계적으로 접근하면 마지막 부분에서 분노가 조금 누그러지며 총을 내릴 수 있다. 하지만 아버지의 친구라는 부분에 대해 레어티즈가 구체적으로 설명하는 대사가 없으니 피봇을 만들 수가 없다. 그렇다고 그냥 넘어갈 수는 없다. 우리 대본에서 분노를 누를 대사를 찾아야 한다. 아버지의 적이 아닌 친구라는 뉘앙스만 가지면 가능하다. 강조체로 표현한 "아들", "너와 같은 아들", "아버지" 그리고 "충직한 벗", 이 네 부분에서 단계적으로 누그러트리면 될 것 같다.
　레어티즈 역의 배우가 이 제안을 받아들일지 모르겠다. 아무튼 분노는 가라앉히고 볼 일이다.

무대를 기다리며

연습 전에 모든 배우들에게 이 노트가 다 전달된 줄 알았는데 레어티즈 역의 이충주 배우가 와서 2022년 박건형 배우가 호소했던 어려움을 똑같이 토로한다. 오늘 노트를 받았는지 물어보니 아직 못 받았다고 한다. 대충 설명해 주고 스태프들을 닦달한다. 연습이 끝나고 두 레어티즈가 다가와서 노트를 잘 읽었다고 인사한다. 예의 바른 레어티즈들 같으니. 노트가 마음에 들었나보다. 사실 2022년에는 박건형 배우에게만 이 노트를 전달했다. 이번 공연에서는 레어티즈 배우들이 비슷한 문제에 부딪히면 주려고 했는데 얼추 타이밍이 맞았다. 아무튼 배우들이 겪는 고민은 다 비슷한 모양이다.

정상적으로 생각하면 거트루드는 이해할 수 없는 인물이다. 남편이 죽었는데 시동생과 재혼을 한다? 셰익스피어 시대에도 용납할 수 없는 일이라 햄릿이 환장하는 상황으로 그려진다. 하지만 고대에는 가능했던 일이다. 〈햄릿〉의 기원이 된 것은 고대 덴마크 역사를 기록한《게스타 다노룸Gesta Danorum》에 실린 〈암레트의 일생Vita Amlethi〉에 나오는 실화다. 당시에 셰익스피어가 이 기록을 읽었을 리 만무하지만, 이 기록에 나오는 인물들 가운데 가장 유사한 사람이 거트루드라고 보면 된다.

두 형제가 덴마크로 망명을 왔는데 그중 형이 덴마크 왕비와 결혼하여 왕위에 오른다. 당시에는 형이 죽으면 동생이 형수를 아내로 맞이해서 그 식솔을 전부 책임지는 형사취수兄死娶嫂가 동서양을 막론하고 보편적인 제도였다. 그런데 고대에 실재했던 사실을 엘리자베스 시대의 기독교적 관념으로 바라보니 이런 비극이 생기는 것이다. 다시 말하면 거트루드라는 캐릭터는 고대의 관념으로 해석해야 이해할 수 있다. 게다가 당시 덴마크의 실권은 거트루드가 가지고 있었다. 외지에서 온 햄릿 선왕 형제에게는 애초에 왕위 경쟁에 참여할 자격이 없었다. 햄릿 선왕은 거트루드와 결혼해서 왕이 될 수 있었고, 이를 잘 알고 있는 클로디어스도 왕이 되려면 거트루드와 결혼할 수밖에 없다. 이런 면에서 거트루드는 생각보다 강하고 권력이 있는 왕비이다. 덴마크 왕실의 정통성을 쥐고 있기 때문이다.

2022년 공연 당시 거트루드와 클로디어스는 이미 사랑하는 사이라고 전사를 잡았다. 그녀를 사랑하기 때문에 클로디어스가 형을 살해하고, 이 사달이 난 것이다. 하지만 그 사랑이 잘 드러나지 않아서 애매한 부분이 있었다. 그래서 이번에는 그 사랑의 역사를 시기적으로 좀 더 앞당겨본다. 햄릿 선왕 형제가 덴마크에 망명했을 때 이미 클로디어스는 그녀에게 반해서 짝사랑을 하고 있었다. 하지만 힘으로 형에게 미치지 못했던 클로디어스는 그녀를 포기한다. 전쟁을 하느라 왕궁을 자주 비웠던 형의 빈 자리를 보면서 클로디어스는 그녀에게 접근한다. 란슬롯이 아서왕의 부인 기네비어와 사랑에 빠지는 것과 비슷한 일이 벌어진다.

어떤 프로덕션은 햄릿 선왕의 죽음에 거트루드가 관여되어 있다고 해석하기도 한다. 하지만 그러면 유령의 진술과 맞아떨어지지 않아 매우 복잡해진다. 요즘 말로 서로 썸을 타는 수준에서 정리하자. 거트루드도 항상 클로디어스를 마음에 두고 있었다. 하지만 남편이 있는 한 어찌할 도리가 없다. 전쟁에 나가 전사라도 했으면 좋으련만 남편은 매번 살아 돌아온다. 한데 정원에서 자다 독사에 물려 죽는다. 이어서 자신이 항상 마음에 두고 있던 클로디어스가 청혼을 해온다. 슬픔은 잠시 접어두고 숨겨왔던 열정을 분출한다. 형사취수가 흔히 있던 시기라 남의 눈을 의식할 필요도 없다. 게다가 햄릿 선왕 때문에 포틴브라스가 전쟁을 선포하고 쳐들어온다고 한다. 국가적 위기 상황이라 왕위를 잠시라도 비워놓을 수 없다. 대관식을 하면서 포틴브라스 건을 처리하는 클로디어스를 보니 역시 잘한 선택이다. 클로디어스는 매일 싸움박질만 하는 햄릿 선왕보다 영민하다. 궁전에 앉아 외교로 이 복잡한 일들을 처리하는 클로디어스를 거트루드는 대견하고 사랑스러운 눈으로 바라본다. 이렇게 되어야 이를 바라보는 햄릿의 속이 부글거린다. 게다가 거트루드는 이렇게 정치를 잘하는 왕을 존경하라는 메시지를 은연중에 보낸다. 눈치 빠른 클로디어스는 햄릿에게 다음 왕위를 물려줄 것이라고 공포한다. 거트루드는 매우 만족해하며 안도와 행복을 느낀다.

이런 거트루드의 행복은 2막 2장에서 기우뚱거리기 시작한다. 미친 햄릿을 치료할 방법이 없기 때문이다. 그녀는 폴로니어스의 제안대로 로젠크란츠와 길덴스턴을 부른다. 이들이 도움이 되길 바라는 마음이 간절하다. 클로디어스와는 다른 간절함이 보여야 한다. 자식을 위하는 마음이 보여야 한다. 그리고 자신의 성급한 결혼이 이유일 수 있다는 생각을 하면서도 그게 아니길 바라는 마음도 보여야 한다. 폴로니어스의 주장대로 오필리어에 대한 사랑이라면 다행이라고 느낀다. 자신도 클로디어스를 애타게 사랑한 사연이 있어 일리가 있다고 생각한다.

3막 1장에서 로젠크란츠와 길덴스턴이 임무에 실패했다는 이야기를 들은 거트루드는 점점 불안해진다. 그리고 오필리어의 역할에 더욱더 기대를 건다. 마지막 남은 희망이 오필리어라 차마 아들과 그녀가 만나는 장면을 숨어서 지켜보지도 못한다. 마치 심장이 떨려 축구 국가대표팀의 월드컵 경기를 직접 보지 못하는 사람의 심정 같은 것이다.

3막 2장의 연극 관람 장면에서는 두 가지 설정이 가능하다. 햄릿이 미친 게 오필리어에 대한 사랑 때문이 아니라는 것을 보고받았을 경우와 아직 두 사람의 만남의 결과에 대해 보고받지 못했을 경우이다. 전자라면 불안의 정도가 더 심해진 상태에서 햄릿의 행동을 지켜볼 것이다. 그리고 매우 예민하게 반응할 것이다. 오필리어의 무릎에 누워 연극을 보는 햄릿의 행동에서 이상함을 느끼고, 연극을 관람하는 내내 신경 쓸 것이다. 햄릿은 왕을 감시하고, 왕비는 햄릿을 감시하면서 긴장감이 돌 것이다. 이 상황이 신경 쓰이는 햄릿은 더 거칠고 성적인 언사로 오필리어에게 들이대는 모습을 연출한다. 오필리어는 햄릿이 자기를 보면 못 본 척 고개를 돌릴 수도 있다.

후자의 경우는 전자보다 좀 편안한 상태이다. 거트루드는 햄릿이 오필리어에게 들이대는 모습에 안도하고 연극에 몰입할 수 있다. '역시 사랑 때문에 햄릿이 미쳤구나. 어서 이 문제를 해결해줘야겠다.' 이렇게 생각하여 햄릿이 시비를 걸어도 그냥 넘길 수 있다. 배우와 연출이 결정할 문제이다.

3막 4장은 햄릿과 거트루드의 장으로, 연극에서 가장 긴장감 넘치는 부분이다. 거트루드는 여기서 절대 약한 모습을 보이면 안 된다. 어머니로서, 이 나라의 권력자로서 권위를 보여줘야 한다. 폴로니어스는 커튼 뒤에 숨어서 지켜보고 있다. 거트루드는 이 상황을 신경 써야만 한다. 가뜩이나 폴로니어스가 햄릿의 버르장머리를 고쳐놓으라고 훈계까지 한 마당이다. 이런 상황이 바뀌는 것은 폴로니어스가 죽은 이후다. 이제는 정말 둘만의 대화가 진행된다. 햄릿이 던지는 비수 같은 말에 거트루드는 자신이 무엇을 잘못했는지 돌아본다. 가슴이 찢어진다. 하지만 햄릿은 독설을 멈추지 않는다. 이때 유령이 나타난다. 거트루드는 미쳐서 아버지가 보인다고 헛소리를 하는 아들이 애처롭기만 하다. 폴로니어스의 시체를 끌고 방을 떠나는 순간까지 햄릿은 어머니에 대한 독설을 멈추지 않는다. 이제 거트루드의 평정심은 쌀 한 톨만큼도 남아 있지 않다.

4막 1장에 왕이 들어오고, 이제 그녀는 햄릿을 지켜야 한다고 마음먹는다. 그래서 왕은 햄릿을 여기서 처단하는 대신 영국으로 보내 죽이려고 계획한다.

4막 5장에서 미친 오필리어를 보는 거트루드의 마음은 복잡하다. 자신의 심정도 오필리어와 다르지 않다. 하지만 왕실과 나라를 위해 정신을 똑바로 차려야 한다. 오필리어가 나가니 이제는 레어티즈가 반군을 몰고 들이닥친다. 햄릿만이 아니라 왕도 보호해야 한다. 레어티즈의 앞을 막아서는 용기는 왕실을 지키려는 그녀의 권위에서 나온다. 하지만 클로디어스를 사랑하는 마음도 조금 남아 있다. 두 가지가 다 보이면 좋겠다.

4막 7장에서 거트루드는 오필리어의 죽음을 전한다. 나는 거트루드가 오필리어를 죽였을 가능성이 있다고 본다. 왕실을 위해 충분히 그럴 수 있는 여인이다. 그렇다면 오필리어가 죽어가는 모습을 생생히 전달하는 이 부분은 거트루드가 만들어낸 이야기일 수 있다. 여기에는 두 가지 가능성이 더 있다. 직접 죽이지는 않았지만, 실족해서 물에 빠져 죽어가는 오필리어를 목격하고도 도와주지 않았을 가능성이다. 또 다른 가능성은 오필리어가 나무에 올라가 실족해서 물에 빠지는 장면을 멀리서 보고 도와줄 수 없는 상황에 발만 동동 구른 경우이다. 텍스트에만 치중하면 세 번째 가능성으로 해석하는 것이 일반적이다. 어떤 것을 선택할지는 배우와 연출이 상의해서 결정할 부분이다. 이 부분은 2022년에 이미 언급했지만 나중에 노트를 통해 다시 전달할 것이다.

5막 1장에서 오필리어의 장례식에 참석한 거트루드는 이런 복잡한 감정이 혼재된 상태이다. 오필리어의 죽음에 책임이 있는 거트루드와 아무 연관이 없는 거트루드는 입장이 다르지만, 어느 쪽이 됐든 슬플 수밖에 없다. 일이 잘 풀렸으면 며느리가 되었을 오필리어이다. 자신의 손으로 죽였다면 그 슬픔이 보다 복합적일 것이다. 이런 감정은 5막 2장에서 스스로 독배를 마셨다는 해석의 단초가 된다. 그래서 거트루드는 나중에 클로디어스에게 거리를 두는 캐릭터가 될 수 있다.

거트루드를 연기한 배우들

2016년.. 손숙

2022년.. 김성녀

2024년.. 김성녀, 길해연

물음표를 불러일으키는 거트루드

hamlet school

2016년 공연 당시 연습 초반부에 거트루드 역의 손숙 배우가 "난 이 여자를 이해할 수가 없어. 어떻게 시동생과 결혼을 할 수가 있어. 매우 이상한 여자야"라고 그녀의 존재에 물음표를 붙였다. 손숙 배우의 물음은 매우 정당하다. 사실 거트루드는 해답보다 질문을 더 많이 끌어낸다. 그리고 그런 질문은 답을 찾기가 매우 어렵다. 비평가들은 그녀에 관해 많은 문제점들을 제기한다. 그 문제들을 살펴보고, 풀어보자. 하지만 답이 나오리라는 보장은 없다.

1. 그녀는 남편이 죽기 전에 클로디어스와 관계가 있었나?

유령이 햄릿에게 나타나서 이야기하는 내용 가운데 우리 대본에 이런 부분이 있다.

그래, 그놈이다. 그 짐승만도 못한 놈이
사악한 꾀와 재주로
내게서 왕비를, 네 어머니를 앗아갔다.
Ay, **that incestuous, that adulterate beast**, with witchcraft of his wit, with traitorous gifts, — O wicked wit, and gifts that have the power so to seduce! — won to his shameful lust, the will of my most seeming virtuous queen.

우리 대본의 "그 짐승만도 못한 놈"에 해당하는 것이 *that incestuous, that adulterate beast*다. 이걸 직역하면 통상 '그 근친상간하는, 그 간통하는 짐승'이라고 할 수 있다. 이 *adulterate*라는 단어 때문에 많은 비평가들이 그녀가 남편이 죽기 전에 이미 시동생과 내통하고 있었다고 주장한다. 그들 말대로라면 거트루드는 햄릿 선왕의 죽음을 공모했을 가능성이 매우 농후해진다. 하지만 이 부분 외에는 어디에도 그녀가 시동생과 간통했다는 이야기나 이를 내포하는 부분이 나오지 않는다. 아마

*adulterate*를 간통이라는 뜻의 *adultery*와 혼동했을 것이다. 하지만 이 두 단어는 어원이 다르다. *adulterate*는 라틴어 *adulterare*에서 온 것으로, 부패하고 오염되었다는 *corrupted*에 해당한다. 그리고 *adultery*는 간통하는 사람이라는 뜻의 라틴어 *adulter*에서 프랑스 고어인 *avouterie*를 거쳐 만들어진 단어다. 그러므로 이걸 제대로 번역하면 '그 근친상간하는 더럽고 부패한 짐승'이 된다. 이러면 유령의 말이 불러일으킨 오해가 풀린다. 하지만 그렇다고 해도 사람들의 머릿속에는 여전히 그녀가 남편 몰래 시동생과 정을 통했을 수도 있다는 상상이 남아 있다. 그리고 그건 어떻게 해도 해결되지 않는다. 어찌되었건 그녀는 현재 시동생과 정을 통하고 있으니까.

2. 그녀는 남편인 햄릿 선왕을 사랑했었나?

이 문제 또한 명확히 말하기 힘들다. 거트루드는 연극 내내 남편인 햄릿 선왕에 관해 거의 언급하지 않는다. 따라서 사람들은 그녀가 햄릿 선왕을 사랑하지 않았다고 믿을 수도 있다. 그녀가 남편을 사랑했다는 것은 햄릿의 대사에만 나온다. 엄마가 아빠를 사랑한다고 아들이 믿는 것은 당연한 일이다. 어떤 아이가 "우리 엄마는 아빠를 사랑해요"라고 말하는데, 어떤 어른이 "아니다. 그건 네가 어른들의 세계를 잘 모르고 하는 말이고. 사실은 다를 수가 있어"라고 하겠는가? 그저 "그래, 그래. 너희 가족은 매우 화목하구나" 정도로 다독일 수밖에 없다. 그런 아이에게 아빠가 죽은 지 두 달 만에 삼촌과 결혼하는 엄마의 모습은 이해되지 않을 것이다. 우리 어른들은 그녀가 전남편을 사랑했다는 사실에 이미 의문을 갖고 있는 상황이지만, 이런 전후 사정을 몰랐을 햄릿은 반항아가 된다. 그리고 가출을 결심한다. 그러나 새아버지와 엄마가 집을 못 나가게 막는다. 누가 더 밉겠는가?

3. 왕을 죽이려는 클로디어스의 계획을 그녀는 알고 있었나?

이 문제는 앞에 제기된 상황과 연계된다. 그녀가 이미 클로디어스와 간통을 하고 있었다면, 남편을 제거하는 데 동참했을 가능성이 있다. 만일 그녀가 남편을 사랑하지 않았다면 공모까진 아니더라도 클로디어스의 계획을 눈치채고도 일부러 막지 않았을 수 있다. 물론 그녀가 남편을 사랑했다면 이런 문제 제기는 말도 안 된다. 사랑해서 죽인다는 허무한 변명만 남으니까.

4. 그녀는 클로디어스를 사랑했는가? 아니면 단순히 자신의 자리를 유지하기 위해 클로디어스와 결혼했는가?

매우 복잡하고도 풀리지 않는 부분이다. 물론 사랑했으니 결혼했을 것이라는 생각은 당연하다. 그녀는 평범한 과부가 아니다. 왕비라기보다는 덴마크의 정통성을 가진 여왕에 가깝다. 지금은 서거한 영국의 엘리자베스 여왕 정도의 위상을 가졌을 것이다. 자신을 보호하던 남편이 죽었다. 게다가 클로디어스가 남편을 제거했다는 사실을 그녀가 알고 있다고 가정하면, 심리적으로 매우 불안한 상태일 수 있다. 그의 청혼을 거절하면 자신과 아들의 목숨도 위험하다. 자신이 재혼함으로써 왕권을 유지하고, 아들에게 왕위가 이어지도록 노렸다고 충분히 생각할수 있다. 클로디어스가 남편을 죽였다는 사실을 모른다고 해도, 현 상황은 크게 달라지지 않는다. 누가 힘을 가지고 있는지 그녀가 모르겠는가?

5. 그녀는 미치지 않았다고 주장하는 햄릿을 믿는가? 아니면 그저 자신을 보호하기 위해 아들을 믿는 척하는 것인가?

어머니와 아들이라는 관계를 제거하면 〈햄릿〉에서 거트루드는 햄릿의 안티테제이다. 햄릿은 학자이며, 삶이라는 주제에서 답을 구하려고 노력하는 철학가이다. 인간이 빠지기 쉬운 유혹과 죽음에 대해서도 초월해 있다. 하지만 거트루드는 생각이 얕고, 육체적이며 겉으로 드러나는 감각적 쾌락을 추구한다. 아이처럼 기쁨을 주는 것만 추구한다. 게다가 그녀는 섹스에 초월한 존재가 아니다. 시동생과 결혼하는 것에 죄책감을 느끼지 않았을 것이다. 자신의 결혼이 햄릿에게 어떤 영향을 미치는지 따위는 알바 아니다. 따라서 햄릿의 광기가 자신의 결혼 때문이 아니라고 믿고 싶은 마음에 로젠크란츠와 길덴스턴을 보내 아들을 염탐하는 데 동의한다. 한데 아들이 들어와서 어머니를 칼이라는 거울에 비추면서 꾸짖고 호소한다. 거트루드는 깨닫는다. 자신이 얼마나 부끄러운 인간인지. 이제 그녀는 당연히 햄릿의 말을 믿는다. 하지만 자신의 눈앞에서 햄릿이 칼을 휘두르며 협박하고, 이어서 그 칼로 폴로니어스를 죽인다. 게다가 자신에게도 칼을 들이대고 갖은 욕을 하면서 재차 협박을 한다. 이 상황에서 그녀는 미친 햄릿을 달래서 진정시키는 것 외에는 다른 방도가 없다. 매우 복잡하고 미묘하지만, 아들에 대한 거트루드의 태도는 이 두 가지에 다 해당될 수도 있다. 참으로 복잡한 것이 인간이다.

6. 그녀가 햄릿의 살인을 클로디어스에게 알린 것은 햄릿에 대한 배신인가? 아니면 그녀는 자신이 아들의 비밀을 지키고 있다고 믿고 있는가?

미친 햄릿을 그대로 두면, 폴로니어스를 죽인 것으로 그치지 않고 또 다른 살인이 벌어질 게 뻔하다. 무슨 수를 쓰든 막아야 한다. 하지만 사랑하는 아들이다. 다른 면에서 보면 거트루드는 사람들을 보살피는 캐릭터일 수 있다. 죽은 남편, 아들, 현 남편인 클로디어스, 폴로니어스, 오필리어, 그리고 레어티즈. 이들이 그녀의 보호 대상이다. 거트루드는 아무도 다치지 않고 현 상황이 수습되기를 간절히 원한다. 아들이 현 남편을 죽이는 것도 막아야 하고, 남편이 아들을 죽이는 것도 막아야 한다. 그러려면 햄릿이 살인을 한 것은 미쳐서 그런 것이고, 그런 와중에 잠시 제정신으로 돌아온 햄릿이 자신의 행위를 참회하면서 울었다고 해야 한다. 매우 복잡한 심리 구조가 펼쳐진다. 미친 햄릿 때문에 주위 사람들도 미쳐가고, 이를 분석하는 나도 미쳐간다. 이래서 〈햄릿〉은 정신분석학자들에게 매우 탁월한 텍스트이다.

이렇게 비평가들이 제기한 질문들을 풀어보려고 노력해봤지만, 질문은 꼬리에 꼬리를 물고 더 많아지기만 한다. 거트루드는 답을 찾으려고 할수록 더 많은 질문을 만들어내는 캐릭터로 남는다. 가끔 우리는 훌륭한 질문들을 만난다. 질문은 그 자체로 아름다울 수도 있다. 질문 자체가 이미 훌륭한 답이다. "인간은 왜 사는가?" 이 질문에 대한 답을 찾기 위해 수많은 사람들이 노력해왔다. 아무도 정답을 내놓지는 못했지만, 그들은 철학자라는 별이 되어 빛나고 있다.

2022년 연습이 시작되기 한 달 전, 연출과 함께 텍스트 분석을 하면서 이와 비슷하게 Q&A를 한 적이 있다. 모든 등장인물들에 대한 전사와 함께 캐릭터 분석도 했다. 다른 인물들은 비교적 쉽게 결론이 나는데, 거트루드는 결론을 내리면 또 다른 문제가 나타나는 바람에 함정에 빠지곤 했다. 그중에 도움이 될 만한 전사들이 있어서 추가한다.

먼저 햄릿 선왕의 행동반경을 생각해야 한다. 햄릿 선왕은 전사 스타일의 왕이다. 평생 전쟁터를 전전하면서 싸움으로 승부를 냈던 호전적 성격이다. 처음에는 동생인 클로디어스도 전투에 참여했을 가능성이 있다. 두 사람은 덴마크 토박이가 아니라 외부에서 망명한 형제라고 생각하자. 미케네로 망명했다 각각 공주인 클리템네스트라와 헬레네와 결혼해서 미케네와 스파르타의 왕이 된 아가멤논과 메넬라오스 형제와 비슷하다. 다른 점이 있다면 햄릿 선왕은 거트루드와 결혼해서 덴마크를 차지했지만, 클로디어스는 혼자 남는다는 것이다. 결혼하지 않고 독신으로 살았다면 당연히 이 부분이 문제된다. 결혼했어도 부인과 일찍 사별했을 가능성이 있다. 어쨌든 햄릿 선왕이 죽기 전에 이미 거트루드를 마음에 두고 있었을 것이다.

형을 따라 전쟁터에서 공을 세우던 클로디어스는 더 이상 전투에 참여하지 않는다. 아내의 죽음이 그 계기가 되었을 수도 있다. 혼자 사색에 빠진 클로디어스 앞의 거트루드라는 존재는 새로운 삶의 계기가 될 수 있다. 전쟁광인 햄릿 선왕은 일 년에 한 달 정도만 집에 머무른다. 거트루드는 사십대 중후반으로 추정된다. 심리학자들 이야기로는 이때가 섹스에 대한 욕구가 가장 강렬한 시기이다. 당연히 눈이 다른 데로 향할 수 있다. 두 사람은 란슬롯과 기네비어처럼 사랑에 빠졌을 수도 있고, 단테의《신곡Divina Commedia》에 등장하는 프란체스카와 파올로처럼 정원에서 눈빛을 교환하며 가슴앓이 정도만 할 수도 있다. 여기서 클로디어스는 이들과는 다른 선택을 내린다. 그녀를 차지하기 위해 걸림돌인 형을 제거하는 것이다.

내정을 살펴보면 계속되는 전쟁으로 백성들의 원성도 높아가는 상황이다. 게다가 노르웨이의 포틴브라스가 이를 갈면서 복수를 다짐하고 있다. 햄릿 선왕과는 반대로 클로디어스는 노르웨이의 새로운 왕과 좋은 관계를 유지하고 있다. 노르웨이의 왕은 형인 포틴브라스 선왕이 햄릿 선왕에게 죽음을 당한 후 조카를 제치고 왕위에 오른 인물이다. 클로디어스의 롤 모델이 바로 노르웨이의 왕이다. 그는 충분히 가능한 일이라 생각하고 형을 제거한다. 그러자 모든 일이 순조롭게 풀린다. 이미 클로디어스를 마음에 두고 있던 거트루드는 그와의 결혼을 허락하고, 왕위는 클로디어스가 물려받는다.

연출은 클로디어스가 거트루드를 정말로 사랑해서 이런 일을 벌였을 것이라고 생각한다. 왕위도 욕심났겠지만 그것보다 더 큰 계기가 되었던 것은 거트루드에 대한 사랑이라는 것이다. 그러면 사랑하는 여인의 자식인 햄릿도 쉽게 받아들일 수 있다. 클로디어스에게는 자식이 없다. 이런 것을 보면 평생 독신으로 살았을 가능성이 더 크다. 그럼 거트루드를 향한 사랑은 프란체스카를 향한 파올로의 사랑과 비슷할 수도 있다. 거트루드가 햄릿 선왕과 결혼하던 순간부터 클로디어스는 가슴만 태우던 애타는 사랑의 주인공이 되는 것이다.

어쩌면 거트루드와 클로디어스 사이에 흐르는 이상한 기류를 선왕이 포착했을 수도 있다. 이를 눈치챈 클로디어스가 거트루드를 보호하기 위해 형을 살해했다면 클로디어스는 죄책감을 전혀 느끼지 않았을 수도 있다. 이 모든 것은 사랑한 죄일 뿐이다. 그리고 거트루드는 이런 클로디어스의 열정에 빠질 수밖에 없다. 누가 사랑을 탓하겠는가? 물론 비텐베르크에서 유학하던 햄릿이 이런 사정을 알 턱이 없다. 그저 어머니의 행동이 미스터리할 뿐.

무대를 기다리며

2022년 공연 초반에 햄릿 역의 강필석 배우, 거트루드 역의 김성녀 배우, 언더스터디[*] 박선경 배우가 코로나에 걸려 공연이 열흘 동안 취소되었다. 다른 누구보다 이 세 명의 마음고생이 가장 심했을 것이다. 마지막 공연이 끝나고 대기실에서 김성녀 배우와 박선경 배우가 끌어안고 펑펑 울던 장면이 기억난다. 얼마나 속상했을까? 나중에 김성녀 배우가 〈햄릿〉에서 가장 어려운 배역이 호레이쇼와 거트루드인데, 두 개를 자신이 다 해서 힘들었다고 하소연하던 기억이 난다. 배역의 묵직함에 비해 대사가 많지 않아서 그렇다. 이번에 연습하면서 두 배역 모두 훌륭했다고 칭찬해드리니 배우는 칭찬을 받아야 힘이 나는 존재인데 왜 그때는 얘기 안 해줬느냐고 투덜댄다. 맞다. 반성한다. 앞으로는 칭찬에 인색하지 말아야겠다.

---

[*] understudy. 주연 배우에게 문제가 생겼을 때 대신 투입되는 배우.

호레이쇼 성격 분석

햄릿의 베르길리우스

hamlet
school

선하건 악하건, 〈햄릿〉에 등장하는 대부분의 인물은 햄릿과 매우 밀접하게 연관된 캐릭터들이다. 하지만 정작 가장 친한 친구인 호레이쇼는 캐릭터 면에서 연결 고리가 가장 느슨해 보일 수도 있다. 이 캐릭터는 햄릿의 열정과 광기에 영향받는 경우가 드물다. 마치 《신곡》에서 지옥과 연옥을 여행하는 단테의 스승이자 안내자인 베르길리우스와 비슷하다. 늘 햄릿과 붙어 있기는 하지만 마치 지옥 같은 삶에 대해서는 햄릿보다 한 치 깊은 통찰력을 보여준다. 하지만 행동으로 직접 보여주는 것이 아니라 고개를 끄덕이며 햄릿의 행동과 결정을 승인하고 존중함으로써 통찰력을 보여준다. 하지만 모든 면에서 그런 것은 아니다. 호레이쇼도 인간인지라 마냥 이성적이고 침착한 것만은 아니다. 대부분의 경우 햄릿과 다른 등장인물들보다는 차분하다는 이야기다. 배경 면에서도 호레이쇼는 덴마크인이 아니다. 그는 소설의 나레이터처럼 복잡한 상황들을 설명하고 풀어나가면서 연극에서 존재감을 드러낸다. 갈등이 부각되는 연극의 특성상 그의 존재가 잘 보이지 않을 수도 있다. 그의 존재감은 마치 나무들을 둘러싼 숲과 같아서 멀리서 보지 않으면 알아채기 힘들다.

그 존재만으로 연극의 분위기를 끌어가야 하는 캐릭터. 모든 이의 존경과 신임을 받아야 하는 캐릭터. 하지만 그의 심리를 표현하는 대사는 그리 많지 않다. 그래서 〈햄릿〉에서 호레이쇼를 가장 소화하기 어려운 캐릭터라고 하는 것이다. 이 장에서는 우리 대본보다 원전에 있는 호레이쇼의 대사들을 토대로 캐릭터를 분석해보려고 한다.

우리 대본에서는 많은 부분이 압축되고 다른 기법으로 표현되었지만, 1막 1장은 호레이쇼가 어떤 사람인지를 가장 잘 보여준다. 나중에 그가 햄릿을 만나러 등장할 때 이 부분을 생각하면 호레이쇼의 심리 상태를 참고하는 데 도움이 될 것이다. 초병인 프란시스코가 교대하고 내려가는 길에 그를 마주치고는 누구냐고 물어보자 호레이쇼는 '이 나라의 친구들Friends to this ground'이라고 대답한다. 즉 이방인이라는 걸 처음부터 보여준다. 그렇다고 처음 덴마크에 온 것은 아니다. 그동안 햄릿과 함께 수차례 방문했을 수 있다. 그리고 그의 학자로서 명성은 이미 덴마크에 자자하기 때문에, 그가 유령의 존재를 확인하기 위해 왔다는 소식을 듣자마자 고위 장교인 마르셀러스가 그를 햄릿에게 안내하지 않고 바로 성벽으로 데려온 것이다.

유령의 존재에 대한 그의 첫 번째 반응은 넌센스라며 일축해버리는 것이다. 이는 마르셀러스의 대사 "호레이쇼가 말하길, 우리가 환상을 본 것뿐이라고 하면서, 벌써 두 번이나 나타난 이 끔찍한 모습을 절대로 믿지 않겠다는 거야"에도 나타나지만 이어지는 그의 대사 "헛소리야, 헛소리. 그게 나타날 리가 없지"에도 잘 나타난다. 간결하지만 확고하다. 하지만 유령을 직접 목격한 초병 버나도가 그 존재를 주장하자 신중하게 그의 의견을 듣는다. 일개 초병의 의견이지만 무시하지 않는 지성인의 태도를 보여주는 것이다.

나중에 호레이쇼는 실제로 나타난 유령을 보고 매우 놀라지만, 이내 정신을 가다듬고 유령에게 멈추라고 명령한다. 비록 유령이지만 햄릿 선왕의 모습을 한 존재에게 명령한다. 유령의 존재를 인정할 수 없다는 학자의 자존심을 군인들에게 보여주기 위한 것일 수도 있고, 두려움을 떨치기 위해 더욱더 용감한 모습을 보이는 것일 수도 있다. 어쨌든 그는 곧바로 이성을 찾고 전쟁의 위험에 처한 덴마크 상황을 설명하면서 군인들에게 교훈을 주기 위한 선례들을 찾아낸다. 하지만 잠시 후 유령이 다시 나타나자 이제는 매우 강한 어조로 유령을 다그친다. 그리고 군인들에게 유령이 멈추지 않으면 내려치라는 명령까지 내린다. 유령이 다시 사라진 후 유령에 대한 논의가 이어진다. 미신이지만 마르셀러스가 제시하는 의견을 존중하면서 햄릿에게 찾아가 상의하자고 제안한다. 이 존재가 햄릿에게는 무언가 말할 수도 있다고 생각한 것이다. 여기에서도 역시 타인의 의견을 존중하는 그의 태도를 볼 수 있다.

호레이쇼는 1막 2장에서 어머니의 결혼에 절망한 햄릿 앞에 나타난다. 햄릿이 호레이쇼를 보고 놀라는 것을 보면, 둘의 만남은 약속된 것이 아니라고 보인다. 그는 햄릿 선왕의 장례식에 참석하러 비텐베르크에서 덴마크까지 온 것이다. 1장에서 유령의 모습을 보고 바로 누구인지 인지한 것에서도 알 수 있지만, 장례식에 참석하려는 것을 보면 호레이쇼가 햄릿 선왕과도 친분이 있었다는 것을 알 수 있다. 왜 여기에 왔느냐는 햄릿의 질문에 그저 수업이 지겨워서 게으름을 피우는 것이라고 답한다. 하지만 호레이쇼가 게으름을 피우는 일은 있을 수 없다는 햄릿의 말에서 그가 얼마나 진지하고 존경받는 학자임을 알 수 있다. 아버지 장례식에 왔다는 호레이쇼의 말에 햄릿은 어머니 결혼식에 온 것일 거라고 자조한다. 햄릿의 시니컬한 반응에 호레이쇼는 "그렇기는 합니다. 바로 연이어 벌어지긴 했어요"라며 간결하게 받는다. 햄릿의 편에서 긍정하면서도, 사실만을 적시하며 더 이상 일을 확대시키지 않는다. 햄릿의 심정을 헤아리지만 너스레를 떨며 동정하는 캐릭터가 아닌 것이다.

이어서 햄릿은 어머니의 결혼식을 언급하며 신세타령을 한다. 그 와중에 마치 아버지를 눈앞에서 보는 듯하다는 햄릿의 말에 호레이쇼는 화들짝 놀란다. 진중한 그의 성격을 보여주면서도 놀라움을 드러내야 하는 장면으로 매우 어려운 부분이다. 유령이 벌써 햄릿에게도 나타난 것인지 생각하면서 이어지는 단순한 대사들로 햄릿을 설득해 유령과 마주치게 해야 한다. 호레이쇼는 과장이 없는 성격 그대로 사실만 적시하면서 의혹과 슬픔에 휩싸인 햄릿과 대사를 주고받는다. 이 부분은 매우 빠른 템포로 진행되면서 햄릿의 결기를 다지는 역할을 한다. 평소 서로에 대한 믿음이 전제되어 있지 않으면 안 된다. 표정과 행간의 연기만으로 믿음을 주어야 한다. 햄릿을 몰고

가는 교묘함 없이 진정성만으로 그 믿음의 고리를 보여주는 것이 정말 어렵겠지만, 이 부분을 해결하면 이후에 호레이쇼의 다른 대사들과 장면들이 쉬워진다.

1막 4장에서 햄릿, 호레이쇼, 그리고 마르셀러스가 성루에서 만나는데 트럼펫과 대포 소리가 들린다. 여기서 호레이쇼가 덴마크인의 관습을 잘 모른다는 것이 나온다. 아마도 커다란 행사에 방문한 것은 이번이 처음으로 보이는 부분이다. 호레이쇼가 대포 소리에 관해 질문하자 햄릿은 왕이 건배를 할 때마다 북 치고 나팔 불고 대포까지 쏘는 관습이라고 설명한다. 뒤이어 이런 관습 때문에 덴마크인이 타지 사람들에게 주정뱅이라는 소리를 듣는 거라며 돌려서 비난한다. 이때 세 가지 예를 드는데 그 내용이 매우 철학적이다. 이 부분 역시 호레이쇼를 대하는 햄릿의 태도를 보여주는데, 나중에 햄릿이 로젠크란츠와 길덴스턴을 대하는 태도와는 매우 상반된다.

드디어 유령이 등장하고 이를 따라가려는 햄릿을 만류하는 호레이쇼의 태도에서는 매우 강한 캐릭터가 보인다. 그는 강한, 아니 거의 명령하는 어조[안 돼요, 절대로. (…) 안 된다고요! (…) 말 좀 들어요. 갈 수 없습니다]로 만류한다. 동생을 아끼는 형의 심정으로 강하게 말하는 것이다. 형 같은 캐릭터면 되지 않을까? 그러나 햄릿은 자신을 막는 자는 전부 죽이겠다며 이들을 떼어놓고 유령을 따라간다. 호레이쇼는 이런 햄릿의 명령을 듣지 않는다. 마르셀러스와 함께 햄릿이 사라진 방향으로 그를 쫓아간다. 여기에서도 역시 정신이 혼미한 햄릿을 보호하려는 태도가 보이는 것이 맞지 않을까 싶다. 그래야 햄릿이 평소 존경하고 흠모하는 형과 같은 호레이쇼의 충고와 만류를 듣지 않을 정도로 정신이 나갔다는 것이 더 설득력을 얻는다.

1막 5장에서 유령을 통해 모든 것을 알게 된 햄릿을 호레이쇼가 찾아낸다. 햄릿의 행동과 언행은 정상적으로 보이지 않는다. 뭔가 잘못됐다는 것을 알아차린 호레이쇼는 더 이상 햄릿을 자극하지 않고 살살 달래서 진정시키려고 한다. 그리고 햄릿은 호레이쇼와 마르셀러스에게 비밀을 지키겠다는 맹세를 시킨다. 이어 맹세하라는 유령의 외침이 들려온다. 호레이쇼의 걱정이 깊어진다. 이것 역시 우리 대본에는 없는 장면들이다. 하지만 이런 마음을 가지고 호레이쇼 역의 배우가 다음 장면에 등장하면 될 것이다.

3막 2장에서 햄릿은 비텐베르크 극단 배우들에게 연기 지도를 하고 공연을 준비시킨다. 그리고 공연 직전에 들어온 호레이쇼에게 어마어마한 찬사와 존경의 독백을 바치고, 왕의 표정 변화를 잘 살펴봐달라고 부탁한다. 여기서도 햄릿이 얼마나 호레이쇼를 믿고 존경하는지 잘 나타난다. 로젠크란츠와 길덴스턴의 배신 이후에 이제 햄릿 옆에 남은 사람은 호레이쇼밖에 없다. 그리고 호레이쇼는 이런 햄릿의 방패가 되어야 한다. 연극이 끝난 후 햄릿은 호레이쇼에게 재확인한다. 이때도 호레이쇼는 짧은 대사로 햄릿에게 힘과 믿음을 주어야 한다.

4막 5장에서 호레이쇼는 왕비에게 오필리어를 만나 소문이 퍼지는 것을 막으라고 조언한다. 이미 햄릿이 영국으로 떠난 이후라 이제 덴마크에 남아 있을 이유가 없는데도 호레이쇼는 남아서 햄릿을 돕는다. 아마도 햄릿이 부탁했을 수도 있고, 햄릿이 돌아올 때까지 기다리기로 스스로 결정했을 수도 있다. 호레이쇼 정도의 사람이라면 왕이나 왕비도 의심하지 않기에 이런 결정을 했을 수도 있다. 그래서 호레이쇼는 왕과 다른 사람들에게도 거슬리는 행동을 하지 않는다. 모든 사람들이 호레이쇼를 자기편으로 끌어들여야 유리하다고 생각한다.

4막 6장에서 호레이쇼는 햄릿의 편지를 가져온 선원을 만나 편지를 읽는다. 그리고 도움을 요청하는 햄릿에게 달려간다. 하지만 우리 대본에서는 호레이쇼가 왕비를 만나, 햄릿이 돌아왔다는 소식과 왕이 햄릿을 죽이려고 했다는 음모를 전한다. 이 역시 호레이쇼에 대한 왕비의 신

뢰가 있어야만 가능한 일이다. 따라서 호레이쇼는 이전에
이런 신뢰의 캐릭터를 구축해놓아야 한다.

5막 1장의 무덤파기를 만나는 장면에서 호레이쇼는 햄
릿과 같이 등장해서 연극이 끝날 때까지 그의 옆을 떠나
지 않는다. 그래서 대부분의 화가들은 지옥에서 단테와
베르길리우스가 여행을 떠나는 장면과 무덤에서 호레이
쇼가 햄릿과 함께 있는 장면을 대비해 그린다. 이때부터
호레이쇼는 친구보다 스승 같은 이미지로, 햄릿의 마지막
여정을 함께하는 동반자로 보인다. 자신의 죽음을 예감한
햄릿과 이를 만류하는 호레이쇼. 하지만 막을 수 없는 운
명이라는 걸 예감하는 호레이쇼의 모습이 보일 수도 있
다. 여기서 절실하게 햄릿을 만류할 것인지, 햄릿의 결정
에 무언의 동의를 할 것인지는 온전히 배우의 몫이다. 어
떤 쪽을 선택하더라도 일리가 있다.

5막 2장에서 호레이쇼는 햄릿의 죽음 앞에서 같이 자
결하는 쪽을 선택한다. 하지만 햄릿은 이런 호레이쇼를
말리며, 살아서 자신의 이야기를 다른 사람들에게 전해
달라고 부탁한다. 결국 호레이쇼는 마지막에 덴마크를
정복하고 궁전에 들어오는 포틴브라스에게 이 비극적인
이야기를 전하고, 햄릿은 모두의 예우를 받으며 장례 절
차에 들어간다. 연극은 이렇게 호레이쇼가 유령을 목격

하는 것으로 시작해서 호레이쇼의 증언으로 끝난다. 그는 목격자이며 증인인 것이다. 역시 신뢰가 중요한 캐릭터의 원형이다.

호레이쇼를 연기한 배우들

2016년.. 김성녀

2022년.. 김수현

2024년.. 박윤희, 정환

침묵 속의 목격자, 호레이쇼

hamlet
school

〈햄릿〉의 주인공은 물론 햄릿이다. 하지만 〈햄릿〉을 지탱하는 기둥은 따로 있다. 바로 호레이쇼이다. 햄릿의 나이를 서른 살이라고 하면, 호레이쇼는 최소한 마흔 살 이상의 무게가 있는 학자이다. 게다가 당대의 지식인이다. 비텐베르크뿐만 아니라 전 유럽에 걸쳐 명망이 높다. 그래서 모든 이들이 그에게 인정받기 위해 노력한다. 연극의 시작 부분에서 마르셀러스가 유령의 존재를 굳이 호레이쇼에게 인정받으려고 하는 것을 보면 알 수 있다. 그리고 연극에서 아무도 호레이쇼와는 갈등을 빚지 않는다.

클로디어스에게 폴로니어스가 있다면 햄릿에게는 호레이쇼가 있다. 동양 고전의 인물들과 비교한다면, 폴로니어스는《삼국지》의 봉추 방통 같은 인물이고, 호레이쇼는 복룡 제갈량이나 장자방 장량 같은 인물이다. 하지만 나는 그에게서 또 다른 사람을 떠올린다. 20세기에 뉴욕에서 활동했던 사실주의 화가 에드워드 호퍼Edward Hopper다. 그의 그림은 사실적이지만 인물들은 아무 말이 없다. 그저 굳게 입을 다물고 침묵으로 미국 사회의 실태를 있는 그대로 보여준다. 그래서 호퍼에게 붙여진 별명이 '침묵 속의 목격자'이다.

우리의 호레이쇼가 이와 매우 유사하다. 그저 옆에서, 또는 뒤에서 지켜보면서 필요한 말만 던지는 호레이쇼, 긍정도 부정도 하지 않고 묵묵히 고개만 끄덕이는 호레이쇼. 그는 연극 〈햄릿〉의 목격자이다. 연극 도입부에서 그가 유령을 목격하면서 사건은 전개되고, 그가 덴마크 왕실의 종말을 목격하고 증언하면서 사건은 종결된다. 또한 호레이쇼는 대부분의 중요한 사건에 목격자로 등장한다. 햄릿이 벌이는 연극에서 왕의 죄책감을 목격하고, 햄릿이 영국으로 떠난 후에는 궁전에 남아 오필리어가 미치는 것을 목격한다. 이어 햄릿의 편지를 받고 햄릿의 행적을 알게 되고, 그에게 달려간다. 그리고 햄릿을 죽이려는 왕의 음모가 담긴 편지도 직접 확인한다. 이후 그는 햄릿과 행동을 같이한다. 5막의 무덤 장면부터는 한시도 햄릿의 곁을 떠나지 않다 그의 죽음까지 목격한다. 여기서 사람들은 베르길리우스로서의 호레이쇼를 연상한다. 일례로 루브르박물관에 있는 외젠 들라크루아의 그림 〈묘지의 햄릿과 호레이쇼Hamlet et Horatio au cimetière〉와 〈지옥의 단테와 베르길리우스La barque de Dante〉는 구성이 거의 동일하다.

극중에서 호레이쇼가 없을 때 햄릿의 광기는 극에 달한다. 절망과 자책에 그치지 않고 사랑하는 오필리어에게 저주를 퍼붓고, 폴로니어스를 죽인 후에는 어머니를 협박한다. 앞에서 나는 오필리어를 호레이쇼가 없는 햄릿이라고 설명했다. 그럼 연극에서 처음부터 호레이쇼가 없는 상황을 상상해보자. 먼저 햄릿은 유령을 혼자 만나야 한다. 당대 최고의 신학자이며 지식인인 호레이쇼가 이 사실을 증언해주지 않는다면 햄릿은 미친놈 취급을 받는 것은 물론 종교적인 면에서 목숨이 위험할 수도 있다.

그리고 햄릿이 증거를 잡기 위해 연극을 공연할 때도 햄릿 혼자만 왕의 죄책감을 눈치챌 것이다. 허나 아무리 햄릿이 이러한 사실을 주장해봐야 믿어주는 건 관객뿐이다. 불쌍한 햄릿이 되어버린다. 그리고 햄릿의 성격으로 보아 얼마 안 있어 스스로도 자신이 잘못 봤을 수 있다고 생각할 것이다. 아니면 이때쯤 이미 햄릿은 미쳐서, 기도 중인 왕을 죽였을지도 모른다. 그러면 햄릿은 반역죄로 처형당할 것이다. 아직 실력자 폴로니어스가 두 눈을 부릅뜬 채 살아 있기 때문이다. 왕위를 빼앗긴 햄릿이 그 분풀이로 왕을 죽였다는 누명을 쓰기 딱 좋다. 그럼 바로 레어티즈가 왕권에 도전할 수 있다. 아무리 유령 타령을 해봐야 믿을 사람도 없고, 연극으로 증거를 잡았다는 허무맹랑한 이야기를 늘어놔봤자 아무 소용 없다. 실제 왕비의 내실內室에 나타난 유령을 보고 중얼대는 햄릿의 모습에 거트루드도 미친놈이라고 확신한다.

기도 중인 왕을 죽이지 않은 햄릿이 레어티즈와의 결투 장면에서 계획대로 왕을 죽인다고 상정해보자. 이때 왕은 충신 폴로니어스를 죽인 망나니 조카 햄릿을 처벌하려다 햄릿에게 억울하게 죽은 왕으로 비칠 것이다. 그리고 햄릿은 그 자리에서 반역죄로 신하들에게 처형되었을 것이다. 결과적으로 죽는 것은 마찬가지이지만 진실은 밝혀지지 않은 채, 햄릿은 귀신에 홀려 미치는 바람에 덴마크 왕실을 전멸시킨 주범이 되고 만다. 그러면 관객은 오필리어보다 더욱 불쌍한 햄릿을 가슴에 담은 채 집으로 발걸음을 해야 한다.

햄릿은 엄청난 연민을 불러일으키는, 풀리지 않는 수수께끼의 캐릭터이다. 왕자의 친구 호레이쇼는 우리의 연민이 잘못된 것이 아니라는 확신을 주면서 우리가 이런 수수께끼를 받아들이게 한다. 그리고 이런 믿을 만한 목격자 덕분에 연극 〈햄릿〉이라는 뗏목에 매달린 채 장시간 떠나야 하는 여행에서 우리가 겪은 고통과 인간에 대한 연민이 아깝지 않게 되는 것이다.

십여 년 전에 연극을 보러 갔다 근처 카페에서 우연히 원로 배우 이순재 선생이 후배들과 이야기하는 것을 들은 적이 있다. 이순재 선생은 〈햄릿〉 이야기를 하면서 연극에서 가장 중요한 역할은 호레이쇼라고 주장했다. 〈햄릿〉 공연의 성공 여부는 호레이쇼에 달려 있다고도 했다. 2016년 〈햄릿〉 공연 때 이순재 선생이 찾아와 당시 호레이쇼 역할을 했던 김성녀 배우에게 호레이쇼가 연극을 살렸다며 격려해주었다는 이야기를 들었다. 호레이쇼는 거대한 산과 같은 존재이다. 카리스마 없이는 힘든 역할이다.

2022년 공연 첫날 손진책 연출이 일본의 노가쿠를 언급한 적이 있다. 노가쿠에서 아무 역할도 하지 않으면서 항상 존재해야 하는 것이 있다. 무대에 그려진 커다란 소나무 한 그루이다. 이 소나무가 없으면 노가쿠는 진행될 수 없다. 이 소나무가 영혼의 출입구 역할을 하기 때문이다. 노가쿠를 보는 일본의 관객은 이 사실을 인정하고 감상에 들어간다. 〈햄릿〉을 처음 무대에서 접하는 학생들부터 평생 연극과 살아온 이순재 선생 같은 배우들에 이르기까지 관객들의 층은 실로 다양할 것이다. 그리고 그중에는 노가쿠의 소나무를 보듯이 연극 내내 햄릿보다 호레이쇼의 역할을 더 눈여겨보는 하이레벨의 관객이 존재한다. 그리고 그들은 공연이 끝난 후에 주위 사람들에게 이야기할 것이다.

"이번에도 역시 호레이쇼가 연극을 살렸어!"

무대를 기다리며

이번 공연을 앞두고 배우들과 상견례를 한 다음, 올해 이해랑 연극상을 받은 박지일 배우를 축하하는 자리에서 호레이쇼 역을 맡은 박윤희 배우를 만났다. 잠시 이야기를 나누는데 박윤희 배우가 그날 전달받은 성격 분석 노트를 잘 읽었다고 말한다. 자신이 생각한 호레이쇼의 이미지와 흡사하다는 이야기도 덧붙인다. 호레이쇼 역할이라 흔쾌히 참여하기로 결정했는데 대사가 생각보다 매우 많이 빠져 아쉽다고 한다. 가뜩이나 어려운 역할인데 더 어려워진 것이다. 그래서 연기력이 출중한 배우가 특히 필요하다. 2016년에는 김성녀 배우, 2022년에는 김수현 배우가 맡았다. 이번에도 연기 잘한다고 소문난 박윤희 배우가 맡아서 마음이 든든하다.

이번에는 호레이쇼 역시 더블 캐스팅이다. 박윤희 배우 외에 정환 배우도 호레이쇼를 연기한다. 하지만 정환 배우는 워낙 동안이라 고민이 많다. 현재 오십대 후반인 박윤희 배우와 비교하면 어떻게 해도 어려 보인다. 오죽하면 연출이 나이를 미리 알았다면 캐스팅하지 않았을 거라고 투덜대겠는가. 정환 배우는 이런 불리한 점을 극복하려고 공식 연습이 끝난 뒤에도 매일 남아 더 연습한다. 연기는 극복이 됐는데 외모가 문제다. 결국 수염을 그리는 분장으로 해결한다. 정환 배우, 대단하다.

로젠크란츠와 길덴스턴은 항상 붙어 다닌다. 어린 시절부터 햄릿의 친구들이라 왕과 왕비가 햄릿이 미친 이유를 알아내기 위해 이들을 궁전으로 불러들인다. 정확히 어디에서 오는지는 알 수 없다. 덴마크 내의 어떤 지역일 수도 있고 비텐베르크일 수도 있다. 아무튼 그리 가까운 곳에서 오지 않은 것은 확실하다. 유령 사건 이후 꽤 시간이 지났는데도 이들이 햄릿을 찾아오지 않은 것은 엘시노어 궁 근처에 살고 있지 않다는 의미이다. 햄릿의 가장 가까운 친구인 호레이쇼가 궁전에 머물고 있는데도 왕과 왕비가 이들을 불러 부탁하는 것은 이상한 일이다. 그것은 호레이쇼보다 이들이 더 적임자라고 생각했기 때문이다.

이들은 마치 헨리 5세의 어릴 적 친구인 팔스타프 같은 면모를 가지고 있다. 방탕한 어린 시절의 햄릿과 함께 유흥가를 떠돌던 인물들이다. 햄릿을 따라 비텐베르크로 같이 유학을 간 것일 수도 있다. 하지만 그곳에서 햄릿은 이들보다 호레이쇼와 친해지면서 사색가의 풍모를 갖추었을 것이다. 햄릿과 같이 있어봐야 별것 없다고 생각한 두 사람은 비텐베르크를 떠나 소위 풍류를 즐기는 난봉꾼으로 살다 돈도 다 떨어진 상태에서 엘시노어 궁으로 오는 것이다.

2막 2장의 등장 장면에서 왕이 둘의 이름을 바꾸어 부르고 왕비가 이를 고쳐주는 것으로 보아 클로디어스는 이들을 직접 본 적이 없고, 이들의 얼굴을 아는 사람은 거트루드이다. 이런 것을 보면 이들을 부른 사람이 왕비라고 생각할 수도 있지만, 나는 이런 일을 도모할 수 있는 사람은 폴로니어스라고 생각한다. 바로 앞 장면인 2막 1장에서 폴로니어스가 레어티즈를 감시하기 위해 레이날도를 보내는 장면과 오필리어의 이야기를 듣고 왕에게 가는 장면에 이어지는 부분이기에 더더욱 폴로니어스가 이런 계책을 냈을 것이라는 생각이 든다. 그리고 정황상 관객들 역시 그렇게 생각할 것이다. 왕과 왕비가 이들을 대하는 장면에서 폴로니어스를 염두에 두고 연기하면 그런 뉘앙스를 더욱더 풍길 수 있다. 그래야 바로 등장하는 폴로니어스의 너스레가 더 힘을 받는다. 왕실을 주도면밀하게 살피던 폴로니어스이기에 어떻게 하면 이들이 왕의 편에 설지 잘 알고 있다. 왕은 폴로니어스의 조언대로 이들을 한껏 치켜세우며 부탁한다. 이어 왕비도 거든다. 왕비는 이들이 어렸을 때부터 보았기 때문에 좀 더 친근한 마음으로 대사를 한다. 로젠크란츠와 길덴스턴은 직감적으로 자신들이 무엇을 해야 할지 알아채고, 이들의 말에 어떻게 반응할지 고민해야 한다. 서로 눈빛을 교환하면서 반응할 수도 있고, 햄릿이라는 단어에 흠칫할 수도 있다. 원전과 달리 우리 대본에서는 왕과 왕비의 대사가 길지 않아, 짧은 순간에 이 느낌을 표현하는 것이 매우 어렵겠지만 그 답을 찾아야 한다.

잠시 후 두 사람이 햄릿을 만나는 장면은 매우 정교하면서도 다이내믹한 신이다. 서로의 의도를 파악하기 위해 밀고당기며, 미꾸라지처럼 빠져나가기도 하고 낚시하듯 떡밥을 던지면서 미끼 물기를 기다린다. 최종 승자는 햄릿이지만, 햄릿이 쉽게 승기를 잡게 두면 안 된다. 이들의 가장 중요한 과제는 햄릿이 미쳤다는 것을 확인하는 것과 그 이유를 알아내는 것이다. 관객이 그 긴장을 느낄 수 있게 해야 한다. 햄릿은 혼자서 둘의 공격을 상대해야 한다. 로젠크란츠와 길덴스턴에게는 팀플레이가 필요하고, 둘이 서로 다른 캐릭터로 공략하는 것이 긴장감을 높인다. 마치 자백을 받아내기 위해 형사 둘이서 선한 역과 악역으로 나누어 공략하듯 몰아가는 것도 한 방법이다.

극중극 배우들이 등장해 연기를 펼치면서 햄릿과 대화를 나누는 과정에는 로젠크란츠와 길덴스턴의 대사가 없지만 이런 시도는 계속되어야 한다. 배우들과 같이 등장한 폴로니어스와의 공감대를 이용하는 것도 한 방법이다. 두 사람은 누가 햄릿의 의도를 먼저 알아채느냐를 두고 폴로니어스와 경쟁하는 마음을 가질 수도 있다. 로젠크란츠와 길덴스턴이 서로 경쟁심을 느끼면 더 다이내믹할 수 있다. 이렇게 혼돈의 장면이 지나고 나면 고독한 자책으로 가득한 햄릿의 독백이 이어진다. 이러면 햄릿의 외로움이 더욱 부각된다.

3막 1장은 왕과 두 사람의 대화로 시작한다. 왕의 명령을 제대로 이행하지 못한 두 사람은 여기서 생명의 위협을 느끼고 완전히 왕의 편에 선다. 하지만 이 부분 역시 우리 대본에는 없기 때문에 이런 상황을 인지하고 등장해야 할 것이다. 이제 이들은 햄릿의 친구가 아니라 왕의 부하로서 행동한다. 햄릿은 더욱 외로워지면서 호레이쇼에게 더더욱 의지한다. 하지만 이렇게 흘러가면 둘의 캐릭터는 너무 단순해진다. 왕의 명령을 수행하면서도 햄릿에 대한 미안함과 죄책감을 느끼면 인간이 가진 복잡한 심리를 보여줄 수 있을 것이다.

로젠크란츠와 길덴스턴은 3막 2장의 연극 〈쥐덫〉 이후에 다시 등장해서 왕의 명령을 수행한다. 이런 이들을 보고 햄릿은 분통을 터트리며 둘의 간담을 서늘하게 한다. 하지만 이 장면 역시 우리 대본에는 없으므로 이런 상황을 인지하고 연기를 해야 한다.

3막 3장은 왕이 두 사람에게 영국으로 가는 햄릿을 수행하며 감시할 것을 명령하고 두 사람은 왕을 신처럼 떠받들며 아부하는 대사로 시작한다. 하지만 이 부분 역시 우리 대본에는 없다. 배우들이 참고해서 이후 장면을 연기해야 한다.

4막 2장에서 로젠크란츠와 길덴스턴은 폴로니어스를 죽이고 도망간 햄릿을 찾아 나서는데, 햄릿은 이들에게 왕에게 붙어먹는 기생충이라고 모욕을 주면서 경고한다. 4막 3장에서 이들은 햄릿을 잡아 왕 앞에 대령한다. 완벽하게 왕의 명령에 복종하는 변화가 보인다. 이들은 4막 4장에서 햄릿을 수행해 영국으로 가는 장면을 끝으로 더는 등장하지 않는다. 이들의 운명은 나중에 햄릿의 이야기를 통해 알려진다. 햄릿은 자기 대신 이 둘을 죽이라고 편지를 위조한다. 자신을 배반한 친구들에 대한 분노 때문이다. 역으로 이야기하면 로젠크란츠와 길덴스턴은 햄릿이 이렇게 분노하게 만드는 역할을 해야 하는 것이다. 햄릿을 배신하는 이미지를 어떻게 만드느냐가 관건이라고 할 수 있다.

로젠크란츠와 길덴스턴을 연기한 배우들

2016년.. 손봉숙(로젠크란츠), 한명구(길덴스턴)

2022년.. 김명기(로젠크란츠), 이호철(길덴스턴)

2024년.. 김명기(로젠크란츠), 이호철(길덴스턴)

로젠크란츠와 길덴스턴도 죽는다

hamlet school

로젠크란츠와 길덴스턴은 엘리자베스 여왕 시기에 덴마크와 스웨덴 왕실, 그리고 햄릿이 공부했던 비텐베르크 대학에서는 매우 흔한 이름이었다. 당시 덴마크 왕실의 기록을 보면 귀족의 10분의 1은 이런 이름을 쓰고 있었다. 그리고 셰익스피어 시대에 덴마크에서 영국으로 온 사신의 이름이 프레데리크 로젠크란츠Frederik Rosenkrantz와 크누드 길덴스턴Knud Gyldenstierne이었다고 한다. 귀족이니 갑돌이 갑순이는 아니어도, 김씨나 이씨 정도로 흔한 성이었을 것이다. 우리가 일본인 캐릭터를 떠올릴 경우 가장 귀에 익은 나카무라 상이나 다나카 상으로 이름 짓듯 셰익스피어는 매우 보편적인 느낌을 주려고 이들에게 이런 이름을 붙였을 것이다.

*Rosenkrantz*는 장미를 의미하는 *Rosen*과 고리 또는 반지를 의미하는 *Krantz*로 이루어진다. 영어로는 *Rosario*, 즉 천주교에서 기도할 때 쓰는 묵주를 의미한다. 그리고 *Guildenstern*은 금을 의미하는 *Guilden*과 별이란 의미의 *Stern*이 합쳐진 영어로 *golden star*라고 풀이된다. 신성神性과 금권金權이 쌍으로 다닌다. 이런 보편적인 이름의 인물들인 만큼 행동도 보편적이다. 권력과 종교에 고개 숙이는 것을 마다하지 않는다. 이는 당시에만 존재하던 인간상이 아니라, 지금도 마찬가지다. 인간이 생존을 위해 보이는 보편적인 모습이다. 이런 이유로 햄릿은 이들에게 그 유명한 대사인 "인간이란 자연의 걸작품 아닌가!"하고 외치는 것이다.

로젠크란츠와 길덴스턴이 엘시노어 궁에 도착한 것은 왕과 왕비의 이중성을 보여준다. 왕과 왕비는 이들을 이용하여 햄릿의 문제가 무엇인지 알아내려 한다. 왕비는 진심으로 아들의 안위를 걱정하고, 왕은 햄릿의 행동이 자신의 통치에 끼칠 영향을 걱정한다. 왕과 왕비는 햄릿의 가장 친한 친구라고 이들을 한껏 추켜세우는 한편 돈으로 매수한다. 그렇다고 이들이 햄릿에게 충성하지 않는 것은 아니다. 다만 순서상 왕이 먼저이고 햄릿이 나중으로 밀린 것뿐이다. 이들이 햄릿과 얼마나 친한 관계였는지 우리 대본에는 생략되었지만 원전에서는 햄릿과 두 사람이 만나는 첫 장면에서 주고받는 대화에서 알 수 있다. 여기서는 신정옥 번역본(전예원, 2007)을 참고하였다.

햄릿　　　둘 다 별고 없지?

로젠크란츠　세상 돌아가는 대로 그럭저럭 지내죠.

길덴스턴　지나치게 행복한 것도 탈이니, 그저 행복하다고 할까요. 운명의 여신의 모자 위 단추는 아니지요.

햄릿　　　그렇다고 여신의 구두 밑창도 아닐 거구?

로젠크란츠　둘 다 아닙니다, 전하.

햄릿　　　그렇다면 그 여신의 허리께쯤인가 아니면 소중한 곳의 가운데쯤인가?

길덴스턴　실은 여신의 은밀한 곳입니다.

햄릿　　　뭐? 여신의 은밀한 곳이라? 그럴 테지, 운명의 여신은 탕녀니까. 그래 새 소식은?

로젠크란츠　별것 없습니다, 전하. 세상은 정직한 사람이 늘어났습니다.

햄릿　　　그렇다면 말세가 가까워진 거군. 그러나 너희들 얘기는 사실과 다르다. 어디 조목조목 따져보자. 친애하는 친구들, 너희들은 대체 운명의 여

신에게 무슨 짓을 하였기에 이런 곳에 감옥살이
를 하라고 보냈느냐?

길덴스턴　감옥살이라뇨, 전하?

고전 번역의 경우 전체적인 맥락을 이해하지 못하면
이렇게 일부만 보았을 때 이해하기 어렵다. 번역자도 많
은 고충이 있을 것이다. 하지만 이 내용만으로는 로젠크
란츠와 길덴스턴의 성격을 파악하기 어렵다. 그저 운명
이 그들을 여기까지 몰고 왔다는 느낌이다. 바로 운명의
여신이란 단어 때문이다. 여기서는 *Fortune*을 운명으로
번역했다. 하지만 이 단어는 재물과 관련이 있다. 유명한
경제지인 〈포춘〉 지를 생각해보라. 운명의 여신은 재물
의 여신이다. 그럼 원문을 한번 보자. 햄릿이 안부를 묻
자, 로젠크란츠는 '땅의 여신의 별 볼 일 없는 아이들로
지낸다As the indifferent children of the earth'고 받는다.
먼저 땅을 의인화해서 받는 것이다.

이어 길덴스턴이 받는다. '지나치게 행복한 것도 탈
이니, 그저 행복하다고 할까요Happy, in that we are not
over-happy: On Fortune's cap, we are not the very button.'
이 문장을 '행복한데, 그 행복이 매우 행복하진 않습니다.
왜냐하면 재물의 여신의 모자에서 우리는 가장 꼭대기에

있지 않아서입니다'라고 번역하면 의미가 달라진다.

햄릿은 바로 알아차린다. '아, 이놈들이 돈이 다 떨어졌구나. 무슨 꿍꿍이가 있어 엘시노어에 온 게 틀림없어. 어디 한번 속셈을 알아볼까'라고 생각하면서 바로 받아친다. '그녀 신발 밑창도 아니지?Nor the soles of her shoe?' 햄릿은 재물의 여신을 바로 여인으로 받아버린다. 즉 먹고살기 어려워서가 아니라 유흥비가 없는 정도 아니냐는 말이다.

로젠크란츠는 햄릿의 말을 인정한다. 그러자 햄릿이 다시 받는다. 그렇다면 '그녀 허리 정도에 붙어 살고 있거나, 그녀가 좀 봐주어서 살고 있는 거냐Then you live about her waist, or in the middle of her favour?'고 묻자, 길덴스턴이 옳다구나 하고 '사실 그녀 거시기에 해당한다 Faith, her privates, we'고 걸지게 농담을 받아친다.

햄릿은 이들의 의도를 바로 파악한다. '재물의 여신의 비밀스러운 부분? 오, 진짜 그녀는 몸을 막 굴리지. 대충 알겠는데, 왜 왔나?In the secret parts of Fortune? Oh, most true: she is a strumpet. What's the news?'

돈과 섹스를 한번에 묶어서 치워버린다. 이 정도의 농담을 주고받는 사이라면, 보통 사이가 아니다. 햄릿과 같이 술집이며 사창가며 여기저기 굴러먹던 인간들이다. 세익스피어의 서사극인 〈헨리 5세〉에 등장하는 팔스타프와 할 왕자의 관계를 생각하면 딱 맞아떨어진다. 민간에서 왕자와 함께 섹스파티도 벌이고 강도질도 하던 팔스타프는 후에 왕자가 헨리 5세에 등극하자 찾아간다. 하지만 팔스타프는 헨리 5세에게 외면당하고 쓸쓸히 죽어간다. 종국에는 이들도 팔스타프와 비슷한 운명에 처해진다.

햄릿의 질문에 로젠크란츠는 말을 돌린다. '아무것도 아닙니다. 다만 세상이 정직해졌습니다None my Lord; but that the world's grown honest.' 햄릿이 원하는 말이 아니라 엉뚱한 말을 한다. 자신들이 왕에게 받을 대가를 염두에 두었기 때문이다.

그러자 햄릿이 바로 치고 들어간다. '그렇다면 종말의 날이 가까워진 거야. 하지만 그건 사실이 아니지. 좀 더 구체적으로 물어보겠네. 나의 진정한 친구들, 자네들이 재물의 여신의 손아귀에서 무슨 짓을 했기에, 그녀가 자네들을 여기 감옥으로 보낸 건가?Then is Doomsday near: but your news is not true. Let me question more in particular: what have you my good friend, deserved at the hands of Fortune, that she sends you to prison hither?'

즉 돈을 얼마나 받고 감옥 같은 이곳에 왔느냐는 말이다. 다른 나라에 가는 것이 금지된 햄릿에게는 이곳 덴마크가 감옥처럼 느껴지기 때문이다.

이런 맥락에서 우리 대본은 로젠크란츠가 "감옥이라니요?"라고 받은 다음 대화가 본격화된다. 첫 만남의 흥겨운 분위기가 점점 탐색전으로 흘러가고, 햄릿은 이들이 자신을 배신했다는 사실을 알고 크게 절망한다. 우리도 친구에게 배신당했을 때 비슷한 감정을 느낄 것이다. 여자 때문이건 돈 때문이건 친구라는 인간이 통상 배신을 한다. 로젠크란츠와 길덴스턴은 돈 때문에 친구를 배신한다. 하지만 1874년에 윌리엄 슈웽크 길버트William Schwenck Gilbert가 발표한 〈햄릿〉의 패러디 〈로젠크란츠와 길덴스턴 Resencrantz and Guildenstern〉에서는 로젠크란츠가 오필리어와 결혼하기 위해 길덴스턴과 공모해 햄릿을 제거하려고 한다. 클로디어스가 연극을 한 편 썼는데 매우 형편없었다. 왕은 수치심에 이 연극을 입에 올리는 자는 처형하겠다고 공표한다. 이를 안 로젠크란츠는 햄릿에게 이 연극을 보여주고 공연하도록 설득한다. 연극을 너무 좋아하는 햄릿은 공연을 올린다. 분노한 왕은 햄릿을 처형하려고 하지만, 주위의 만류로 영국으로 추방하는 것으로 마무리한다. 그리고 로젠크란츠와 오필리어는 결혼해서 잘산다.

비록 작은 배역이지만 영국인들은 로젠크란츠와 길덴스턴에게 꽤 매력을 느꼈고, 이들을 주인공으로 하는 연극들이 이후에도 계속 등장했다. 톰 스토파드Tom Stoppard의 〈로젠크란츠와 길덴스턴은 죽었다Resencrantz and Guildenstern Are Dead〉는 이들을 주인공으로 한 일종의 부조리극이다. 아마도 사람들은 이들에게서 자신들의 모습을 보았을 것이다. 유혹에 쉽사리 빠지고, 강자에 약하고 약자에 강한 보편적인 인간으로서의 로젠크란츠와 길덴스턴, 나는 이 두 사람과 다르다고 단언할 수 있을까? 황금만능주의에 빠진 지금 우리는 수많은 로젠크란츠와 길덴스턴을 마주하고 있다. 그리고 이들 역시 죽는다는 사실은 변함없다.

햄릿은 이런 유의 인간들을 매우 잘 알고 있다. 하지만 친구라는 데 희망을 걸고 계속 물어본다. 우리 대본에는 없지만 원전에서는 무려 스물일곱 번이나 물어본다. 우리 대본에서 햄릿은 마지막에 자백을 하는 로젠크란츠와 길덴스턴에게 "인간이란 자연의 걸작품 아닌가!"라고 외친다. 그리고 이어서 "허나, 나에겐? 흙먼지로밖에 안 보여"라고 말하며 인간 이하의 취급을 한다.

난 여기서 두 사람이 햄릿에게 버림받았다는 것을 직감했을 것이라고 생각한다. 평소 햄릿이 어떤 사람인지 아주 잘 아는 이들이다. 이곳으로 오는 동안 두 사람은 갖은 상상과 의심을 했을 것이다. 햄릿이 아니라 새로 즉위한 왕이 부른다. 뭔가 석연치 않다. 햄릿 선왕이 독사에게 물려 죽었는데 햄릿이 아니라 삼촌이 왕위를 차지했다. 햄릿이 왕이 되었다면 이들은 부르지 않아도 팔스타프처럼 알아서 제일 먼저 달려왔을 것이다. 두 사람의 입장에서 보면 좀 찜찜한 구석이 있다. 톰 스토파드의 연극에서처럼 동전을 던져가면서 점을 봤을 수도 있다. 간다-안 간다-간다-안 간다. 하지만 운명은 이들을 덴마크로 이끈다.

두 사람이 햄릿과 처음 만난 자리에서 나누는 대사의 결도 호레이쇼와는 매우 다르다. 호레이쇼는 햄릿을 위로하러 바로 달려온 반면 이들은 시간이 한참 지난 후 미친 상태의 햄릿을 보러 왔다. 햄릿이 이 정도 눈치가 없는 사람도 아니고, 로젠크란츠와 길덴스턴 역시 햄릿이 눈치챈 것을 모를 인간들도 아니다. 그래서 톰 스토파드 연극의 로젠크란츠와 길덴스턴은 덴마크로 가고 싶어 하지 않는다. 이제 이들은 왕과 햄릿 사이에서 테니스 공처럼 왔다 갔다 한다. 테니스 공의 운명은 어느 한쪽 코트에서 죽는 것이다. 스스로 테니스 공이 되는 순간 이들의 운명은 결정된 것이다.

무대를 기다리며

2022년 〈햄릿〉에 합류한 배우들 중에는 비교적 젊은 배우들이 여럿 있다. 그렇다보니 연습 초반에 좀 기가 눌린다. 워낙 대선배들과 함께해서 그렇다. 자신들의 진가를 보여주기가 쉽지 않다. 게다가 대사도 압도적으로 축약된 배역들이라 더 곤란하다. 내가 아무리 설명해도 그 분위기를 내는 것이 힘들기 그지없다. 연습이 며칠 진행되고 조금 나아진 기미가 보인다. 마침 쉬는 시간에 화장실에서 마주친 김명기 배우에게 많이 나아졌다고 격려했더니 좋아한다. 하지만 바로 그 순간 손진책 연출이 화장실에 들어서면서 김명기 배우에게 헛웃음 소리 내지 말라고 질책한다. 그리고 헛웃음만큼 허무한 게 없다고 덧붙인다. 내가 다 민망해진다. 차라리 칭찬을 하지 말걸. 이런 것도 연극의 한 그림자다.

오즈릭 성격 분석
덴마크의 신흥 졸부

hamlet
school

5막 2장에서 햄릿은 호레이쇼에게 편지 이야기와 로젠크란츠와 길덴스턴의 운명을 털어놓으면서 왕의 간악함에 대해 이야기하고, 레어티즈가 느끼는 슬픔에 공감하며 그에게 미안한 감정을 토로한다. 이들의 대화는 오즈릭의 등장으로 중단된다. 하지만 그때까지 나누었던 이야기는 오즈릭이라는 인물을 통해 관객에게 전달된다. 로젠크란츠와 길덴스턴의 아첨꾼 캐릭터가 오즈릭이라는 더욱 강화된 캐릭터로 나온다. 로젠크란츠와 길덴스턴은 성공하지 못했지만, 오즈릭은 왕에게 아부함으로써 자신의 부를 축적하는 데 성공한 인물이다. 눈치가 빠르고 상대방의 심기를 건드리지 않으려 하는 캐릭터이다. 오즈릭은 햄릿에게도 예의 바르게 행동하면서 왕의 메시지를 전달하는

데, 햄릿에게 결투에 응하겠다는 확답을 받아내야 한다.

햄릿은 이런 오즈릭을 경멸하고 조롱한다. 보통 오즈릭 캐릭터는 여기서 당황하면서 햄릿과 호레이쇼의 놀림감이 된다. 하지만 그러면 너무 뻔해진다. 내 생각에는 오즈릭이 이런 햄릿의 의도를 알고 기꺼이 놀림감이 되는 것으로 가는 게 어떨까 싶다. 밑바닥에서 여기까지 올라오면서 이 정도 모욕은 얼마든지 감수해온 캐릭터. 원한다면 얼마든지 조롱을 받아주겠다는 캐릭터가 연극의 긴장감을 살릴 것 같다. 오즈릭은 왕의 명령을 성공적으로 수행해야 하는 긴급한 상황이다. 그런 모욕은 아무것도 아닌 것이다.

또한 오즈릭은 대사를 통해 왕의 치밀함과 레어티즈의 고귀함을 잘 보여줘야 한다. 그리고 햄릿이 레어티즈와의 결투를 받아들이도록 자신이 이 상황을 컨트롤하고 있다고 믿으면서 연기를 해야 이런 기미를 호레이쇼와 햄릿이 눈치챈다. 그래야 호레이쇼가 햄릿에게 결투에 나가지 말라고 말릴 때 긴장감이 생긴다. 그리고 알면서도 이를 받아들이는 햄릿의 대사가 더욱 깊이를 갖는다. 보통 광대 같은 캐릭터로 오즈릭을 연기하지만, 그는 광대가 아니다. 궁중에서 중요한 직책을 맡은 대신으로, 이 장면 하나에 목숨을 건 연극을 하는 캐릭터인 것이다. 바로 이어지

는 결투 장면에서 전부 죽어나가는데 장난이나 하고 있을
상황일 리 없다.

오즈릭을 연기한 배우들

2016년.. 윤석화

2022년.. 이호철

2024년.. 이호철

hamlet
school

오즈릭은 〈햄릿〉에서 전혀 모습을 보이지 않다 마지막에
나타나 매우 중요한 역할을 한다. 햄릿이 혐오하는 인물
이 한둘이 아니지만, 그에 대한 혐오는 결이 다르다. 오즈
릭은 직위를 통해 치부를 한 인물로 그려진다. 매우 영리
하고 눈치가 빠른 인물이다. 한데 그에게도 고민이 있다.
왕은 그에게 특명을 내린다. 어떻게든 햄릿을 꼬셔서 레
어티즈와의 결투를 승낙하게 만들어야 한다. 만일 실패하
면 그는 매우 곤란한 상황에 처한다. 하지만 햄릿이 그 제
안을 순순히 받아들일까? 오즈릭은 햄릿이 자신을 싫어
한다는 걸 잘 알고 있다. 거기에 지금의 햄릿은 예전의 햄
릿이 아니다. 매우 위험한 인간이다. 대신인 폴로니어스
도 죽이는데 자신 정도는 아무것도 아니다. 이야기하다

수틀리면 햄릿이 클로디어스를 죽이려고 준비한 총으로 자신부터 죽일 수 있다. 그리고 오즈릭이 예상하기에 햄릿은 이 결투를 절대로 받아들이지 않을 것이다. 한번 생각해보자.

1. 햄릿은 매우 미스터리한 상황에서 덴마크를 떠났다가 더욱 미스터리하게 덴마크로 돌아왔다.
2. 연극으로 클로디어스를 공개적으로 화나게 했다.
3. 폴로니어스를 죽였다.
4. 자신의 전 여자친구인 오필리어의 무덤에서 레어티즈와 싸웠다.
5. 수개월 동안 미친 상태에서 궁전의 많은 사람들을 괴롭힌 전력이 있다.

도대체 무슨 마음으로 왕은 자신에게 이런 일을 시킨단 말인가? 오즈릭은 이게 성공할 수 없는 임무라는 걸 안다. 하지만 성공시켜야만 한다. 잘못하면 자신의 모가지와 그동안 이룩한 부의 금자탑도 무너진다. 한데 햄릿이 의외로 순순히 결투에 응한다. 이 상황이 믿기지 않는 오즈릭은 재빨리 그 자리를 뜬다. 위험한 상황에서 벗어나는 것뿐 아니라, 어서 가서 자신의 성과를 왕에게 보고하

고 자랑해야 또 몇 푼 더 챙긴다. 그는 모자의 깃털을 휘
날리며 달려간다.

무대를 기다리며

이번 공연은 팔십여 일간 이어지기 때문에 대부분의 배역들이 더블 캐스팅이다. 하지만 비교적 대사량이 적은 길덴스턴/오즈릭 역의 이호철 배우와 로젠크란츠/시종 역의 김명기 배우는 원 캐스팅이다. 마침 이호철 배우가 국립극단의 연극 〈스카펭의 간계〉 때문에 불참하는 시간이 많아졌다. 언더스터디인 백경우 배우가 이호철 배우 대역으로 연습하는 모습을 지켜보다 문득 오즈릭 역을 백경우 배우가 할 경우가 생길 수도 있다는 생각이 들었다. 공연 기간 동안 원 캐스팅 배우들에게 문제가 발생하면 큰일이다. 큰 역할은 모르겠지만 작은 역할은 언더스터디가 대신해야 한다. 이 이야기를 백경우 배우에게 했더니, 심각해진다. 정말 그럴 수 있겠다며 자신이 연습하는 것을 잘 지켜봐달라고 한다. 젊은 배우라 의욕이 넘친다. 연습이 끝난 후 남아서 별도로 오즈릭에 대한 콘셉트를 같이 잡는다. 그러고 보니 무덤파기도 원 캐스팅이다. 일단 이 부분도 연습을 확실하게 하라고 주문한다.

오래전 파리 유학 시절에 흥미롭게 읽은 책이 한 권 있었다. 필리프 아리에스라는 역사학자가 쓴《죽음 앞의 인간 L'Homme devant la mort》이다. 보통 역사학자들은 국가나 세계의 변천 같은 거시적인 주제를 다룬다고 생각하는데, 아리에스는 매우 독특한 주제의 미시사를 다룬다. 아이들, 여인, 또는 죽음 같은 우리 일상에 있는 것들이 어떻게 변해왔는지에 연구의 초점을 맞춘다. 죽음에 대한 나의 태도도 대부분 이 시기에 이 책을 읽고 형성되었다.

나는 앞에서 존 에버렛 밀레이의 〈오필리어〉를 설명하면서 아리에스가 구분한 죽음에 대한 태도에 대해 설명한 바 있다. 우리 연극 〈햄릿〉에는 아리에스가 설명했던 여러 유형의 죽음이 등장한다. 선왕 햄릿의 갑작스러운 죽음과 레어티즈와 햄릿의 준비된 죽음이 있다. 그리고 믿는 자와 믿지 않는 자의 죽음이 구별된다. 죽음에 대한 태도 역시 계속 변화한다.

무덤파기는 이런 모든 죽음을 마무리하는 사람이다. 죽음은 누구에게나 찾아온다. 교황이나 황제부터 농민과 거지에 이르기까지 공평하게 찾아온다. 심지어 무덤파기도 예외는 아니다. 이런 것을 알리기 위해 중세에는 죽음의 춤이라는 그림이 유행했다. 죽음이 모든 직종의 인간들을 초청해서 손을 잡고 둥글게 원무를 추는 그림이다. 이 개념이 발전해서 메멘토 모리memento mori, 즉 죽음을 생각하라는 태도로 이어졌다. 그리고 이 메멘토 모리를 각인시키는 수단으로 바니타스vanitas라는 정물을 그림에 그려 넣거나 실물로 책상에 올려놓기도 했다. 바니타스는 삶은 유한하고 헛되다는 뜻의 라틴어로 주로 해골, 모래시계 또는 비눗방울 같은 상징을 이용해 표현했다. 원전에서 무덤파기는 노인과 청소년 두 명으로 구성되어 삶과 죽음을 대비시켰다. 하지만 우리 대본에는 노인만 있으니 이 부분만 설명하겠다. 평생 죽음과 함께한 무덤파기는 죽음의 춤과 메멘토 모리를 상징한다. 그리고 요릭의 해골은 이에 대한 바니타스이다. 이는 곧 햄릿이 목격할 오필리어의 죽음뿐만 아니라 햄릿의 죽음, 거트루드의 죽음, 레어티즈의 죽음, 클로디어스의 죽음에 대한 복선이다. 원전에는 자살에 대한 경고도 있지만 우리 대본은 생략했으니 여기서도 넘어가자. 보통은 무덤파기를 햄릿과 농담 따먹기나 하는 캐릭터로 오해하고 가볍게 넘기지만, 나는 그렇게 생각하지 않는다. 무덤파기는 모든 이들을 흥겨운 죽음의 춤에 초청하는 죽음을 의인화한 것이다. 따라서 그가 흥얼대는 노래에 이런 슬픔이 묻어 있어야 한다. 우리 〈아리랑〉 가락을 들으면 흥겨우면서도 슬픔이 느껴지지 않는가. 무덤파기가 해골을 던지며 무덤을 파는 장면도 죽음이 어서 들어오라고 친숙하게 손짓하는 느낌이면 더욱 근사하지 않을까 싶다.

무덤파기를 연기한 배우들

2016년.. 한명구

2022년.. 권성덕

2024년.. 김재건

chapter. 6

────────────

배우들에 관하여

배우들과 햄릿의 연기 지도

햄릿이 배우들에게 새로 대본을 써주고 연기 방법을 지도하는 부분도 연극 매니아들에게는 매우 유명한 장면이다. 셰익스피어는 햄릿의 입을 빌려 자신의 연기론을 펼친다. 하지만 우리 대본에서는 햄릿이 아니라 호레이쇼가 배우들에게 연기론을 펼친다. 그렇게 바꾼 이유는 극중극 배우들이 연습하는 장면이 매우 소란스럽고 정리가 안 된 상태이기 때문이다.

극중극 배우들의 연습 장면은 기존에 없던 부분이라 우리 배우들이 만들어내야 한다. 연습실에서 여러 가지 의견들이 난무한다. 발성 연습을 하기도 하고, 몸을 푸는 연습을 하기도 하고, 고스톱을 치자는 의견도 나온다. 한번은 극중극 배우들 역의 박정자, 윤석화, 손봉숙 세 배우와 저녁을 먹다 햄릿의 유명한 대사 *To be or not to be*에 대한 영국 배우들의 해석에 관해 이야기를 나누었다. 악센트를 어디에 두느냐에 따라 전체 독백의 해석이 달라진다. 어느 배우는 *To **be** or not to be*에, 다른 배우는 *To be **or** not to be*에, 또 어떤 배우는 *To be or **not** to be*에 찍는다. 이 부분이 재미있었는지 즉흥적으로 박정자 배우와 윤석화 배우가 연습 장면에 이 부분을 쓰면 좋겠다고 한다. 극중극 배우들이 덴마크에서 이번 연극이 잘되면 영국에 가서 공연하자면서 영어 대사 한번 연습하자고 하는 과정에서 *To be or not to be*를 가지고 서로 싸움을 벌이는 장면을 하면 될 것 같다. 한데 이 장면을 연출이 받아줄지가 관건이다.

주말을 보내고 연습실에 왔는데 박정자 배우가 나를 부른다. 손숙 배우와 손봉숙 배우를 모아놓고 자신이 그 장면을 한번 짜봤다며 *To be or not to be*를 가지고 연습해보자고 한다. 하지만 설명이 다 끝나기도 전에 손숙 배우의 강력한 반대에 부딪힌다. 왜 영어로 대사를 하느냐는 것이다. 한번 들어보기나 하라는 박정자 배우와 듣지도 않겠다는 손숙 배우, 그리고 그 사이에 끼어 눈치만 보는 손봉숙 배우. 박정자 배우의 각본대로라면 손봉숙 배우에게 더 큰 임무가 주어진다. *To be or not to be*를 프랑스어로 하라고 한 것이다. 유일하게 프랑스어가 되는 배우가 손봉숙이라 그런 주문을 한 것이다. 사실 어제 손봉숙 배우가 내게 전화해 구원 요청을 했기에 오늘 프랑스어로 이 부분을 준비해오긴 했지만 연출의 허가가 날 가능성은 5퍼센트도 안 된다. 아무튼 이 논쟁은 장장 십 분에 걸쳐 불꽃이 튄다.

저 콘셉트로 가기는 글렀다고 생각하던 중 갑자기 아이디어가 떠올랐다. 소란스러운 연습 장면을 구현해내는 것이 목적이라면 지금 이 장면보다 더 아수라장 같은 게 있을까? 내가 영어 대사로 하지 말고, 차라리 이 장면을 이용하면 어떻겠느냐고 제안하자 전부 고개를 끄덕인다. 그게 더 재미있겠다고 한다. 런스루✦ 연습 도중 이 부분에서 손숙 배우가 장면을 끊으며 연출에게 질문하자, 잠시 연습이 멈추고 연출과 토론이 벌어진다. 박정자 배우는 이 부분을 넣지 않으면 재미없다고 발버둥친다. 그래도 연출은 이 콘셉트를 받아들일 생각이 하나도 없어 보인다.

이런 상황을 마주하니 일 분 정도 소요되는 장면을 한

✦ run-through. 작품을 연습할 .때 최대한 실제 공연과 똑같이 처음부터 끝까지 연기하는 것.

번 만들어보면 어떨까 싶은 생각이 든다.

(배우들이 입장하면서 언쟁이 붙는다)

배우 2 그러니까 나는 싫다고, 갑자기 왜 거기를 강조하라는 거야. 안 해, 안 한다고!

배우 1 아니, 한번 들어보라고, 정말. 내가 안 좋은 걸 하라고 하겠어?

배우 3 아니, 시키는대로 해봐. 멋있잖아. 해보는 거지. 얘, 네가 해봐.

배우 4 내가 왜? 그건 내 대사도 아닌데

(자리에 앉아서)

배우 2 시끄러워, 난 이걸로 할 거야. 프리아모스를 내려친다! 내려친다! 내려친다! 내려쳐! 때려쳐!

배우 1 (뒹굴면서) '내려친다'에 힘을 줄 거야? '프리아모스'에 힘을 줄 거야?

배우 3 그냥 내려치래잖아! 내려쳐! 내려쳐! **프-리-아-모-스**를 내려친다.

배우 4 (몸을 풀면서) 내려쳐! 내려치라구!

호레이쇼 이봐요! 이봐요들!

극중극 배우들을 연기한 배우들

2016년.. 전무송, 손봉숙, 한명구

2022년.. 박정자, 손숙, 윤석화, 손봉숙, 길해연

2024년.. 박정자, 손숙, 손봉숙, 정경순, 전수경, 이항나

무대를 기다리며

이렇게 대사를 짠 다음 연출에게 허락을 구했다. 배우들도 마음에 들어한다. 손숙 배우는 몸이 근질거려서 빨리 연습하고 싶다고 한다. 연습하는 것을 보니 안정감도 있고, 재미도 있다. 학교 수업이 있어서 다음 이틀을 연속으로 불참했다 연습실에 왔더니, 손숙 배우가 나를 바라보면서 한마디 한다. "철호 씨, 우리 대본 까였어!"

빙긋이 웃으면서 괜찮다고 달랜다. 예상했던 일이다. 장장 세 시간이 걸리는 연극이라 줄이면 줄였지, 뭘 더 추가하는 것이 무리다. 연극하는 후배들을 프리뷰 공연에 초청했다. 끝나고 이들이 내린 평가가 정확하리라. "형, 선생님들이 왜 이렇게 귀여우신 거야?"

피안의 연극

쉬는 시간에 이항나 배우가 다가와서 인트로와 엔딩에 나오는 배우 신scene에 대해 설명해달라고 요청한다. 갑자기 난감해졌다. 이 부분은 배삼식 작가가 우리 대본에서는 완전히 생략된 1막 1장을 참고해서 쓴 것이다. 내가 해줄 수 있는 이야기는 원전에 나오는 크리스마스와 주현절主顯節, twelfth night의 분위기와 이때 등장하는 유령 정도밖에 없다. 허나 이 정도로 도움이 될 리 없다. 나는 자리에 돌아와서 이 부분을 필사해서 분석해본다.

어, 춥다! 뼈가 시리게 추워! 어둡구나. 먹물처럼 깊은 밤이다. 하늘엔 별들이, 창백한 얼굴로 종종걸음치네. 멀리서 종이 울린다. 이제 산 자는 잠에 들고 죽은 자 눈을 뜨는 때.

깊은 물로부터, 타는 불로부터, 젖은 대지로부터, 탁한 대기 속에서, 무언가 떨어져나온다. 어릿어릿, 희뜩희뜩! 어둠 속에 일렁이며 흔들흔들, 넘실넘실 가득히 떠도는구나.

게 누구냐? 멈춰! 대답해! 모습을 드러내라! 어이…… 거기…… 너! 너, 하고 싶은 말이 있구나. 그렇지? 그렇지 않다면 왜…… 오, 너는…… 설웁구나. 너는 노여웁구나. 너는 끔찍하구나. 지옥 같은 한숨이다. 가지 마라! 거기 서! 대답해, 대답해, 대답해라! 난 들어야겠다. 네 한마디에 이 몸이 산산이 부서진다 해도 네 말을 들어야겠다!

[…]

어둡다, 어두워…… 춥다, 뼈가 시리게 추워. 멀리서 종이 울리네…… 이 기나긴 광대놀음도 이제 끝인가.

이렇게 적어놓고 보니 올 3월 초에 연출을 만나 나누었던 이야기가 떠올랐다. 〈프롤로그〉에서 설명했듯, 극중극 배우들을 제외하고는 모든 배우들이 사령死靈이다. 극중극 배우들은 연극 〈햄릿〉을 불러오는 영매靈媒 같은 존재이다. 일본의 노가쿠라면 피안의 세계에서 혼령을 불러오는 와키인 셈이다. 〈햄릿〉은 사백 년 동안 전 세계에서 공연된 연극이다. 저 피안의 세계로 건너가 별이 된 배우들 또한 부지기수일 것이다. 연극 가운데 죽음에 대한 성찰이 가장 깊은 연극 또한 〈햄릿〉인지라, 이 와키들이 선택한 영혼들이 우리 연극 〈햄릿〉의 배우들이라고 생각하면 될 것 같다. 이런 관점에서 이 대사들을 하나하나 뜯어보자.

어, 춥다! 뼈가 시리게 추워!

죽음의 강 위에서 저쪽 세계를 묘사하는 대사라고 생각하면 된다. 마침 여기에 죽음을 상징하는 뼈라는 단어도 등장한다.

어둡구나. 먹물처럼 깊은 밤이다.

조명이 꺼진 암전 상태의 무대를 상징한다. 저세상도 무대이고 이 세상도 무대다.

하늘엔 별들이, 창백한 얼굴로 종종걸음치네.

하늘의 별들은 배우들의 영혼을 의미한다. 창백한 얼굴

은 죽음을 의미하기도 하지만 분장한 배우들을 생각해도 좋을 것 같다. 연극이 끝나고 배우들의 영혼이 이 세상을 떠나 저쪽 세계로 향하는 모습도 있고, 저쪽 세계의 영혼들이 연극을 하려고 이쪽 세계로 넘어오는 모습도 있다.

멀리서 종이 울린다.

연극이 시작되는 시그널에 해당된다. 이제 막이 올라갈 준비가 되었다.

이제 산 자는 잠에 들고 죽은 자 눈을 뜨는 때.

이제 산 자가 잠이 든다는 것은 이쪽 세계의 연극, 즉 삶은 막을 내린다는 의미이다. 죽은 자가 눈을 뜨는 것은 피안의 세계에서 차안此岸의 세계로 넘어오는 문이 열리면서 죽음의 연극 〈햄릿〉이 시작되는 것을 의미한다.

깊은 물로부터, 타는 불로부터, 젖은 대지로부터, 탁한 대기 속에서,

여기가 매우 재미있는 부분이다. 고대 그리스의 4대 원소가 하나씩 전부 등장한다. 물, 불, 흙, 그리고 공기. 이 부분들이 무대의 배경, 즉 데코레이션이라고 생각하면 되겠다. 자연스럽게 무대의 데코레이션을 깐다고 생각하고 대사를 하면 될 것이다.

무언가 떨어져나온다. 어릿어릿, 희뜩희뜩!

이제 에센스인 제5원소가 나오면 된다. 그리스에서는 제5원소를 에테르인 순수한 영혼으로 정의하지만, 우리는 연극을 끌고 나오면 된다. "무언가"를 연극 〈햄릿〉 전체로 생각하면 된다. 하지만 아직은 그 정체를 알 수 없다. 연극과 함께 배우의 영혼들이 어릿어릿, 희뜩희뜩 나온다고 보면 좋을 것 같다.

어둠 속에 일렁이며 흔들흔들, 넘실넘실 가득히 떠도는구나.

이제 배우들이 등장하면서 무대가 영혼들로 가득 찬다. 연극의 막이 서서히 올라간다.

게 누구냐? 멈춰! 대답해! 모습을 드러내라! 어이······ 거기······ 너! 너, 하고 싶은 말이 있구나. 그렇지? 그렇지 않

다면 왜······ 오, 너는······ 설웁구나. 너는 노여웁구나. 너는 끔찍하구나. 지옥 같은 한숨이다. 가지 마라! 거기 서! 대답해, 대답해, 대답해라! 난 들어야겠다. 네 한마디에 이 몸이 산산이 부서진다 해도 네 말을 들어야겠다!

이 부분은 1막 1장의 유령 등장 부분을 압축시킨 대사다. 여기서 주의해야 할 부분은 "너"를 햄릿 선왕의 유령으로 지정하지 말아야 한다는 것이다. "너"는 〈햄릿〉에 등장하는 모든 영혼들에 해당한다. 그러면서 사령들은 남아서 연극 〈햄릿〉이라는 대답을 하는 것이다.

어둡다, 어두워······ 춥다, 뼈가 시리게 추워. 멀리서 종이 울리네······ 이 기나긴 광대놀음도 이제 끝인가.

연극의 마지막 대사들이다. 이제 영혼들은 연극의 엔딩 시그널인 종이 울리면서 자신들이 왔던 피안의 세계로 돌아간다.

무대를 기다리며

배우들이 매우 혼란스러워하는 것 같아 노트를 전달하기 전 연습 시간에 잠깐 이 내용을 설명했다. 그러자 바로 분위기가 달라졌다. 워낙 노련한 배우들이라 그 분위기를 바로 감각으로 표현한다. 연습을 진행하다보면 뉘앙스가 또 달라지겠지만 여기에다 정영두 안무가가 짜준 동작을 추가하니 연출이 원하는 분위기가 그대로 전달된다. 연극이란 참 희한하다. 연습한 만큼 효과가 나온다.

연극에는 여러 장르가 있다. 의아해하는 사람들도 있겠지만 오페라도 그중 하나이다. 아니, 어쩌면 고대 연극에 가장 유사한 장르가 오페라일 것이다. 우리 귀에 익은 오페라들은 대부분 이탈리아의 푸치니나 베르디의 음악일 텐데, 이 작곡가들과는 결이 매우 다른 거장이 있다. 바로 독일의 리하르트 바그너이다. 바그너는 다른 작곡가들과 달리 오페라 대본인 리브레토를 직접 썼다. 〈니벨룽겐의 반지Der Ring des Nibelungen〉는 4부작이나 되는 대작이다. 그런 면에서 그는 작곡가라기보다 극작가에 가깝다. 그리고 그의 작품은 그리스비극의 형식을 취하고 있다.

바그너에게 감동받은 프리드리히 니체는 그를 위한 글

을 하나 쓴다. 그 유명한《비극의 탄생Die Geburt der Tragödie》
이다. 사실 이것은 줄여서 부르는 제목이고, 원래 제목은
'음악의 정신으로부터 비극의 탄생Die Geburt der Tragödie aus
dem Geiste der Musik'이다. 니체는 나중에 수정판을 내면서 제
목을 '비극의 탄생, 또는 그리스 정신과 페시미즘Die Geburt
der Tragödie. Oder: Griechentum und Pessimismus'이라고 바꾼다. 니
체는 고대 그리스비극에 아폴론적 요소와 디오니소스적
요소가 있다는 설명으로 글을 풀어간다. 디오니소스적 요
소는 코러스가 주도하는 음악에, 아폴론적 요소는 주인공
이 내뱉는 대사에 있다. 이런 아폴론적 요소가 잘 표현된
것이 그리스 조각상들이고, 디오니소스적 요소는 음주나
페스티벌에서 펼쳐지는 과격한 파티에서 발견된다. 하지
만 이렇게 완성된 그리스 비극은 소크라테스로 대표되는
이성理性의 시대와 에우리피데스의 등장으로 종말을 맞이
한다. 에우리피데스는 디오니소스적 요소인 코러스를 대
거 삭제해버리고 아폴론적 요소인 웅장한 대사들도 사실
주의적 언어로 교체해버린다. 그런데 바그너가 등장해 이
런 비극을 재탄생시킨 것이다. 그것도 독일에서. 그러니
어찌 감동받지 않을 수가 있으랴.

사람들은 비극을 좋아한다. 비극 중에서도 셰익스피어
의 비극을 좋아한다. 셰익스피어의 비극 중에서 가장 비

극적인 〈햄릿〉을 좋아한다. 이 비극을 가장 비극적으로 만드는 것은 무엇일까? 〈햄릿〉은 시작부터 유령을 등장시키면서 죽음을 들고 나온다. 그리고 이 죽음에 잘 어울리는 멜랑콜리로 가득한 햄릿이란 인물을 주인공으로 내세워 연극을 풀어나가고 마지막에도 역시 죽음으로 끝을 맺는다. 페시미즘 가득한 연극이다. 게다가 극중에서 햄릿은 직접 배우가 되어 트로이의 멸망 장면에서 명연名演을 펼친다. 나는 니체가 주장한 아폴론적 요소와 디오니소스적 요소를 우리 연극 〈햄릿〉에서 본다. 극 자체에서뿐만 아니라 프로덕션 전체 구성에서도 본다. 이번 〈햄릿〉은 더블 캐스팅이다. 팔십여 일 동안 장기 공연을 해야해서 그렇다. 〈햄릿〉은 압도적으로 햄릿의 대사가 많은 작품이다. 한 차례 공연이 끝나면 햄릿 역의 배우는 정말 녹초가 된다. 자신이 가진 모든 에너지를 세 시간, 오리지널 버전으로 하면 다섯 시간 동안 쏟아부어야 한다. 한 배우가 팔십여 일 동안 매일 공연을 할 수는 없다. 그러다정말 햄릿이 죽을 수도 있다.

이번에는 2022년에도 함께했던 강필석의 〈햄릿〉이 있고, 이번에 새롭게 합류한 이승주의 〈햄릿〉이 있다. 연습과정을 지켜보면서 나는 두 배우에게서 확연히 다른 햄릿을 본다. 대사나 블로킹⁺이 달라지는 것도 아니다. 두 사람의 상대 배우들도 더블 캐스팅이 있기는 하지만 무작위로 선택된다. 나는 바로 《비극의 탄생》의 구절을 떠올렸다. 두 사람에게서 아폴론적 햄릿과 디오니소스적 햄릿이 보인다. 햄릿을 지배하는 멜랑콜리가 다르기 때문이다. 강필석의 〈햄릿〉에는 멜랑콜리가 대사들에 그리스 조각들처럼 정제되어 나타난다. 하지만 이승주의 〈햄릿〉에는 전체적인 분위기에 멜랑콜리가 깔려 있다. 마치 술 취한 사람의 광기처럼 어디서 튀어나올지 모른다. 즉 슬픔의 코러스를 느끼고 싶다면 이승주의 〈햄릿〉이, 정제된 슬픔의 조각품을 감상하고 싶다면 강필석의 〈햄릿〉이 제격일 것이다.

두 배우의 각기 다른 햄릿이 탄생하는 모습을 연습실에서 니체의 심정으로 지켜보면서 많은 생각을 한다. 연극은 항상 모순된 모습을 보인다. 인간의 운명이 그렇기 때문일 것이다. 인간은 죽음이라는 어두운 현실에 의해 지배되고, 자신만의 환상 속에서 꿈을 꾸며 살도록 운명 지어졌다. 우리는 그 환상을 연극이라는 장르로 승화시키면서 죽음이라는 어두운 현실을 인식하고 있다. 그리고 햄릿은 이렇게 죽음이라는 알에서 탄생한다.

✦ 무대 위의 동선을 의미하는 연극 용어.

지은이.. 박철호

연극 연출가. 최근에는 주로 번역과 드라마투르기로 연극 작업에 참여하고 있다. 30년간 미국과 유럽에서 거주하면서 2천여 편의 연극을 관람하여 쌓아온 세밀하고 정확한 분석으로 한국 연극계의 드라마투르기에 새로운 지평을 열어가고자 한다. 드라마투르크로 참여한 작품으로는 〈햄릿〉(2016, 2022, 2024), 〈오셀로〉(2023), 〈아라비안나이트〉(2018), 〈브라질〉(2018), 〈피와 씨앗〉(2018), 〈술 취한 포틴브라스〉(2017), 〈파리대왕〉(2016) 등이 있고, 〈엘리베이터 열쇠〉(2017)를 연출했다.

쓴 책으로《베를린, 천 개의 연극》, 옮긴 책으로 아고타 크리스토프 희곡집《르 몽스트르》가 있다. 2015년부터 계원예술대학교 겸임 교수로 재직 중이다.

햄릿 스쿨

1판 1쇄 찍음 2024년 7월 19일
1판 1쇄 펴냄 2024년 7월 29일

지은이 박철호
펴낸이 안지미
CD Nyhavn
편집 오영나
사진 (주)신시컴퍼니
무대 스케치 이태섭

펴낸곳 (주)알마
출판등록 2006년 6월 22일 제2013-000266호
주소 04056 서울시 마포구 신촌로4길 5-13, 3층
전화 02.324.3800 판매 02.324.7863 편집
전송 02.324.1144

전자우편 alma@almabook.by-works.com
페이스북 /almabooks
트위터 @alma_books
인스타그램 @alma_books

ISBN 979-11-5992-403-3 03680

이 책의 내용을 이용하려면 반드시 저작권자와 알마출판사의 동의를 받아야 합니다.

알마출판사는 다양한 장르간 협업을 통해 실험적이고 아름다운 책을 펴냅니다.
삶과 세계의 통로, 책book으로 구석구석nook을 잇겠습니다.

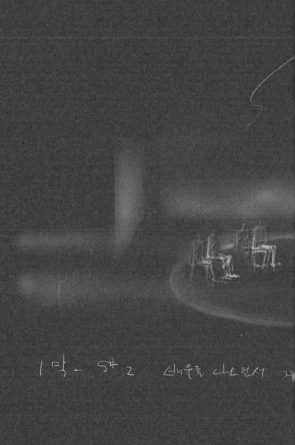

1막 - S#2   대웅특 나단서 ㅂ

울역
1시

유령 (날였나. 안보였다)

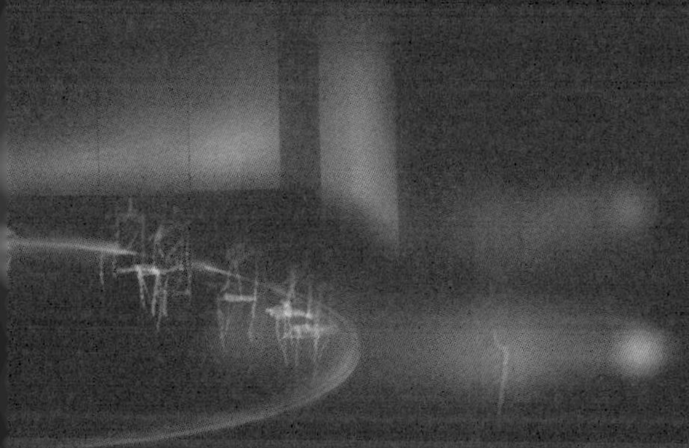

I.막 - 5#3. 배우들 정해진 자리에
영상 / 궁전 내부, IN
- 사랑하는 우리 형님 ' 로자간이
- 레어티스, 너는 기가이
- 클라디어스 - 자 갑시다 '

영상/ 줄넘기

건.
'HAMLET' 2024. ㄴ
ㄴ주사)ㄴ

Ⅱ-S# 5-3. 거투르트 등장, 시종은 소

→ 으흠빵가 거ㅎ간즈옥업에가 그고
→ 출라디 스태창, 춫가쓰는 거투르

Ⅱ - S#4 / 햄릿의독백 . 사느냐?

- 햄릿   바나한가운데
- 사느냐   죽느냐 그것이 문제로다
- 죽는다고 잠드는것 그뿐이다.
- 꿈꾸리 해명과 햄릿초자아 EP2한 몸어
- 하여라 ! 웅장하게 '도시가야하여

연상

- 어둠속에 클로디어

Ⅱ 막 - S#1 - 무대 한가운데 클로드

- 클로디그스 / 야 다 다이어?
- 하늘에서 / 내게 번득를 내려주며
- 햇볕 (깜짝한듯 조용 밤의었나가
- 햇볕처럼 / 클로디어스 대상.

르훈

ㄴ함께 (밤.) 들어온다.

으대 괴로하리라: HAMLET' 2024. ㄴ

코디어스 무릎을 꿇는다.

ㄴ.

Ⅱ-5#8 (웅장한 사람들이다. 거로
   = 두사람 사랑준비.

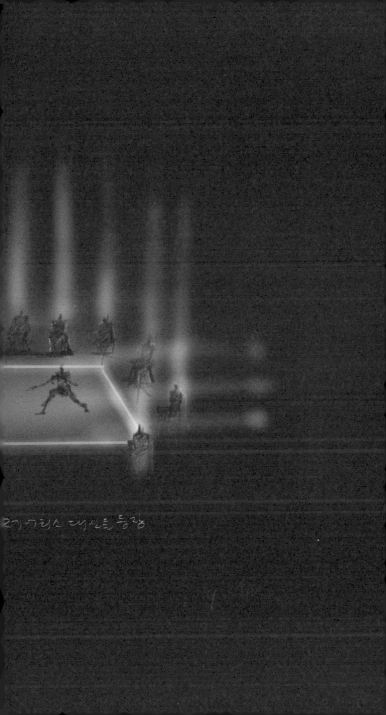

• 드라마투르크와 함께 보물찾기를 한 느낌이다. 드라마
투르크가 만들어놓은 이야기 속의 지도를 따라가다보면
무수한 보물을 찾을 수 있을 것이다.

길해연/거트루드

• 이 책은 〈햄릿〉이라는 큰 성의 잠긴 문을 풀어주는 열
쇠이다.

김성녀/거트루드

• 새로운 해석과 접근 방식을 배울 수 있었던 값진 시간
이었다.

김영건/무덤파기

• 연습 때마다 책상 위에 놓여 있던 수십 편의 자료를 통
해 작품을 새로운 시각으로 분석할 수 있었다. 셰익스피어
의 작품들을 공연해오는 동안 항상 주인공의 서사는 충실
한 데 비해 주변 인물의 서사는 주인공의 서사를 강화시켜
주는 보완재 역할에 머물러 아쉬움이 많았는데, 이번에는
셰익스피어 작품 속 인물들이 모두 풍부한 자기 서사를 드
러냈다는 것이 큰 소득이다.

남명렬/폴로니어스

• 인물들의 배경과 관계를 세밀하게 파악하는 데 많은
도움을 받았다. 대사의 함의, 나아가 이중적 의미들을 배
우면서 연기의 밀도를 높일 수 있었다.

박선경/시종 외

• 나름 〈햄릿〉에 대해 잘 안다고 생각했는데, 내가 알고

있던 것은 빙산의 일각이라는 것을 깨우쳐준 작업이었다. 이 책은 〈햄릿〉을 공부하는 학생들, 그리고 더 깊게 〈햄릿〉을 알고 싶은 이들에게 좋은 나침반이 될 것이다.

박윤희/호레이쇼

• 연습실을 지키는 박철호 드라마트루크의 자세, 무대를 향한 200퍼센트 애정, 배우들을 향한 경이로운 눈빛을 목격할 수 있었던 현장이었다. 한없이 부족하다고 생각하는 우리들에게 "좋습니다. 좋습니다. 좋습니다" 하면서 격려해주는 모습에 연습 기간 내내 큰 힘을 얻을 수 있었다. 연극을 사랑하는 진심 어린 마음들이 같은 공간에 있어 감동적인 시간이었다.

박정자/배우 1

• 연기에 관심이 있거나 공부를 하는 사람들은 〈햄릿〉을 모두 알고 있을 것이다. 나 역시 수없이 읽어봤지만, 이번 작업을 통해 내가 알고 있던 지식이 얼마나 작은 것인지 알 수 있었다. 앞으로도 계속 공부하고 싶은 〈햄릿〉의 진면목을 경험한 시간이었다.

백경우/레이날도 외

• 공연을 이어나가는 현재도 드라마투르기 노트들을 보며 연기에 대해 계속 공부하고 있다. 어렵고 험난했지만 커다란 깨달음을 얻은 여정을 떠올리며 무대에 서는 매 순간 더 나은 오필리어가 되기 위해 노력한다.

루나/오필리어

• 박철호 드라마트루크는 우리 연습의 일부였다. 연극에 대한 열정과 한결같은 자세는 오랫동안 연극을 해온 우리도 배워야 할 부분이다. 오래오래 연극을 지켜주시길!

손숙/배우 2

• 더 깊게, 그리고 더 자세히 햄릿의 내면을 들여다볼 수 있었던 드라마투르기였다. 냉철한 학자처럼, 때로는 광기에 휩싸인 햄릿처럼 작품에 온 힘을 쏟는 드라마투르크의 모습에 많은 영감을 받을 수 있었다.

이승주/햄릿

• 많은 연극학도들에게 좋은 길잡이가 될 아주 의미 깊은 책이다.

전무송/햄릿 선왕

• 이 노트가 없었다면 이번 공연의 완성도가 이렇게 높을 수 있었을까. 연습하면서 알게 된 깊은 스토리가 캐릭터를 정립하는 데 큰 도움이 되었다. 위대한 작품이 탄생하는 데 전문가들의 협업이 얼마나 큰 역할을 하는지 중요성을 알려준 작업이었다.

정경순/배우 3

• 이번 공연의 완성도가 높은 것은 여러 스태프들의 각별한 노고 덕분이기도 하지만 특히 드라마트루크의 열정이 큰몫을 했다. 연극의 방향을 찾아가는 데 많은 도움을 준 시간이었다.

정동환/클로디어스